JN112358

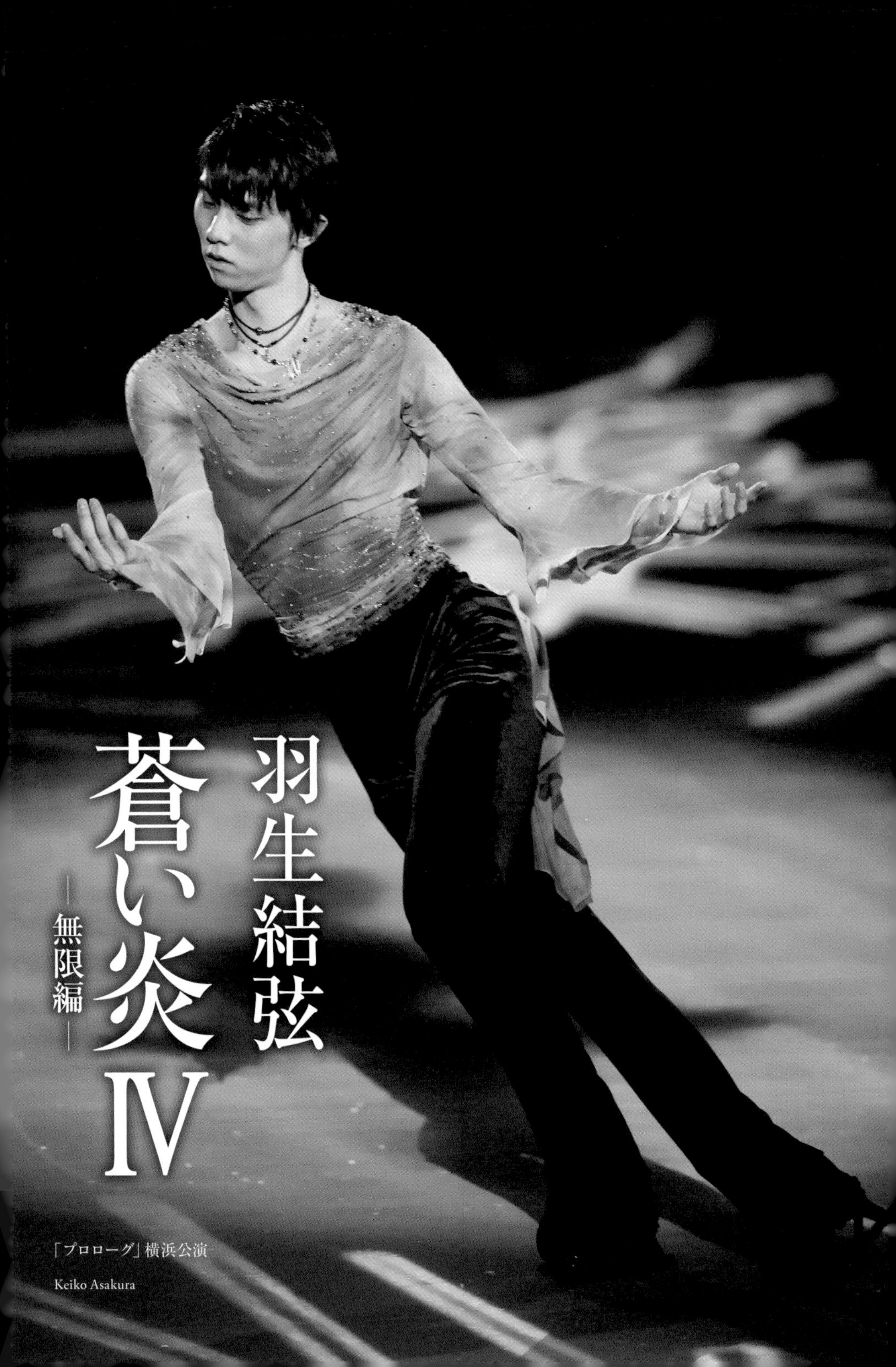

羽生結弦
蒼い炎Ⅳ
―無限編―

「プロローグ」横浜公演

Keiko Asakura

「プロローグ」（右・横浜／左・八戸公演）
『いつか終わる夢』

Keiko Asakura

「プロローグ」横浜公演
『Change』

Keiko Asakura

「プロローグ」
横浜公演『Change』(右)、
八戸公演『Otonal』(左)

Keiko Asakura

「プロローグ」八戸公演
『ロミオ+ジュリエット』

Keiko Asakura

「プロローグ」八戸公演
『SEIMEI』（以下3点とも）

Keiko Asakura

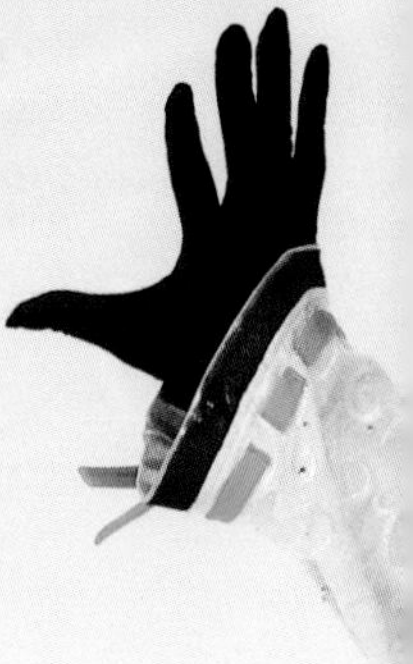

夢が終わり、夢が続きます

『羽生結弦』が続きます

これまでも、これからも、ずっと、

全力で、蒼い炎のように

羽生結弦

2023

Keiko Asakura

「プロローグ」横浜公演
『春よ、来い』

Keiko Asakura

「プロローグ」八戸公演
『パリの散歩道』

Keiko Asakura

Contents

蒼い炎Ⅳ
—無限編—

羽生選手の印税はすべてアイスリンク仙台へ寄付されます。
扶桑社の売上げの一部も寄付いたします。

Scene 0

プロローグ

いろいろなことを考えて迷い、最終的には4回転アクセルを跳ぶことを強く決意した2019〜2020年。羽生はのちに、そのシーズンを振り返ってこう話した。

「2019年は3月のさいたまの世界選手権も含めて、ずっと戦い続けた年でした。4回転アクセルもずっと練習をしていたけど、なかなかうまくいかなくて……。ハーネスを付けて練習をしたりすると跳べるようにもなったりして、『もっとこうやればできるんじゃないか』

と思ってやりながらまた怪我をしてとか、いろんなことがあったシーズンではありました。ずっと挑戦をし続けたけれど、でも何か、全部が壊れてしまったような挫折感を味わった年でもありました。自分の力だけではどうしようもないんだなぁ、という……。

もちろんトリノのGPファイナルでは、周りに支えてくださる方たちがいて、やっぱりそういう方たちの力を借りなければ、どうやっても勝てないんだなというのは感じました。どれだけ努力を重ねたとしても、みんなの力が一つになって、それこそ五輪のようにピタッとハマる瞬間がないと、努力だけでは勝てない世界があるということを、そのころにはなんとなく感じていました。

ただ、それは2022年の北京五輪の時に言った『努力は報われない』という言い方とはちょっと違って、『自分がもっとうまくなればいいんだよ!』という気持ちが当時はまだ強かったので、そういうことを口にしていたと思います。でも、連戦が続いて、全日本選手権で負けた時にはそんなことを言えるくらいの強さはもうなくて……。ただひたすら、『五輪を2連覇した人ですよね』って、『過去の人間ですよね』という存在になりたくないと、もがきながら終わった2019年でした」

年が明けると、そんな失意の中から道を探し出そうとした。

「2020年になってからは、自分自身を試したり、フィギュアスケートというものが何なのかということをすごく考えました。それで自信を取り戻したいという思いもあって、プログラムを『バラード第1番ト短調（以下、バラード第1番）』と『SEIMEI』に戻しました。四大陸選手権はまだ（1位を）獲れていなかった試合でもあったので、初優勝だった2019年のGPスケートカナダの時と同様に、勝てた！という喜びはすごく強くありました。あの時はネイサン（・チェン）選手が出場していなかったというのはすごく大きかったと思うけど、でもやっぱり四大陸を初めて勝てて、ちゃんと自分が獲り残していた試合を全部獲れたなという感触はあったので、すごく大きな達成感に包まれていました。

ただ、自分の心の中に引っかかっていたのは、やはり4回転アクセル。あとは『バラード第1番』を以前よりもきれいにうまく滑っても、テクニカルな部分でもっとうまくなっていたとしても、何か『2015年以上の評価は得られないんだな』という諦めみたいなものと……。それによる迷いが吹っ切れて、4回転アクセルだけやろうという気持ちになった試合だったので。ある意味ではその時に、自分が表現したいことを表現できるプログラムと、4回転アクセルという、確固たる道ができあがったシーズンだとは思います」

だが、そのあとに控えていた世界選手権へ向けては、気持ちは複雑だった。

「新型コロナウイルスの影響で中止になってしまうまでは、実際に世界選手権へ向けて一生懸命頑張っていたつもりですけど、今考えると気持ちの入り方はだいぶ弱かったなと感じています。四大陸選手権を獲れたのはすごく達成感のあることでしたし、普通は四大陸を獲れて燃え尽き症候群というのはないと思うんですけど、でも何かある意味では自分の中で諦めみたいなものと、心の迷いが晴れたという状況と、ネイサン選手と戦うことが重なって。なんというか……ぶっちゃけて言ってしまえば、あの世界選手権は、4回転アクセルを別に跳ばなければいけない試合でもなんでもないし、4回転アクセルは2週間くらい練習したところで跳べるジャンプでもないですし。どちらかというと4回転ルッツを入れてやる『SEIMEI』は構成もだいぶ変えていたので、まずはそれの安定を目指すということと、四大陸の時からピークを少し落としていたので、またピークを合わせる調整くらいしか、あの短期間では正直できなかったです。

ただ、ネイサン選手と戦うことの怖さは、あの時はもうなくなっていました。何かもう、『負けてもいいや』って……(笑)。ある意味ではもう、自分が表現したいことをしっかり表現して、自分が信じているフィギュアスケートという道をしっかり進んでいければいいかなということを、世界選手権が中止になるまでずっと思っていました。
ただ、実際に世界選手権がなくなった時には、すごく泣きました。やっぱり、何のために頑張ってきたんだろうと。それに実際になくなってみて、『負けにいく試合』が嫌だったんだなというのを、その時は感じました。

そこから新型コロナウイルス感染が拡大して、自由に行動できない状況にもなっていた。

「結局それで19－20シーズンは終わり、その先はコロナ感染拡大が始まったけど、あまり希望は抱いてはいなかったですね。19年のGPファイナルと全日本で打ちのめされて、20年の四大陸選手権の『バラード第1番』で諦めがついてしまっていたので。そのころからはあまり、希望を抱きながら練習をするというのはなかったです。どちらかと言えば、『4回転アクセルを跳んでやる！』ということしか目標はなかった。
別にスケーティングなどがうまくなったとしても、演技構成点がこれ以上伸びるわけではないですし。音の表現とかを極めたとしても、それこそジャンプの音への合わせ方がより一段うまくなったとしても。難しいステップからのバリエーションがいろいろ増えたジャンプたちを跳んだとしても、ＧＯＥが格段に伸びるわけではないし。むしろそれによってスピードが止まったりとか、ジャンプの高さが低くなったりすることで、ＧＯＥで０とか+1をつけるジャッジも出てくるようになっていたので。

そういう意味では『もうそういうのはどうでもいいや』って吹っ切れてもいました。自分が自分らしく。そういう言い方は言い訳かもしれないけど、でももう自分自身を、羽生結弦というのをすごく飾りつけて何かをやるよりも、自分の芯に向き合いながら４回転アクセルを跳んで、ある意味では『終わらせにいくんだ』という気持ちで日本に帰ってきて、練習を始めたように思います。

正直、本当に絶望している自分もいたし、世界選手権がなくなった時は『負けにいく試合に行かなくてよかった』と、ホッとしながら泣いていたのも事実ではありました。実際はなかなか追い込み切れていなかったし、思うようにうまくもなれていなかったので」

日本に帰国してからの一人きりでの挑戦は、想像以上に厳しかった。羽生はのちに、その時期のことをこう話した。

「あのころはどちらかというと、本当に自分との対話が多いというか、自分がスケートと向き合っていく時間みたいなものがすごく多かったなと感じています。自分には４回転アクセルをしっかり成功させたいという気持ちが、ずっと根底にありました。平昌五輪のあとはモチベーションがまったくなかったので、もし4回転アクセルがなかったら間違いなくやめていたと思うし、もっと早く引退を考えていたと思うけど、そのおかげで今自分は夢を追いかけるという生き甲斐みたいなものがあるのだと思うし、それが中心で今の自分の生活が成り立っている。そこに関してはあのころも今も変わらないと思います。

ただ、当時は4回転アクセルに向かっていくにあたってコーチがいなかったり、練習環境が変わって自分でいろいろ決めたり、身体のケアの問題もあったりして、なかなか歯車が合わない時期もありました。その時は4回転アクセルだけではなく、自分自身がやっていることのレベルがどんどん下がっていくみたいな感覚に陥って。なんで自分がスケートをやっているのかなという……、それこそ喪失感ですかね。自分の力がどんどんなくなっていくというか、自分のスケートじゃなくなっていくというか。理想とかけ離れていくような悲しさみたいなものを、すごく感じていました。

アイスショーで演技をしたり、先生に見てもらっている時には『ここはよかったよ』とか、『ここはもうちょっとこうしようか』というフィードバックがあるけど、自分一人で4回転アクセルという目標設定がかなり高いところに挑んでいると、常に達成できないまま毎日を過ごさなくてはいけない。その中で自分を肯定できることがまったくないままやっていました」

さらに早稲田大学人間科学部通信教育課程卒業のための卒業論文も7月末には完成させたが、そのためのデータ収集の負担も大きかった。

「あれはけっこうエネルギーを使いました。学術誌に掲載されたものに関しては本当に一部で、実際にはもっとしっかりデータも取っていて、いろいろやっているんです。そのデータを取ったりするのにも時間がかかったし、かなり頭を使ったりということもあって。その時はちょうどいろんなことが重なっていました。4回転アクセルの練習で足が痛くなったり、それで練習を休まなければいけなくなったりもして。それで練習に復帰したら、全然跳べなかったとか……。もう、すべてがマイナスの方向に傾いていたなと思います」

毎年のように出ていたアイスショーが、新型コロナ感染拡大で中止になってしまったことも、常に前を向いて挑戦し続けていた羽生にとっては、喪失感を感じることだった。

「正直な話をすると、スケートが好きな理由というのがわからなくなっていた時期もありました。すごく、すごく原点をたどれば、それは何か非日常的な感覚だったり。氷の上の感覚は普通に地上で生活しているのとはまったく違う感覚じゃないですか。やっぱり難しいことだから、それができた時の喜びみたいなものが、たぶんあったんです。さらに、あの広いリンクで自分一人だけで滑って、皆さんが自分のことだけを見てくれる。それで自分の演技がよかったらすごい歓声をくださるし、悪かったらそれなりの評価しかもらえない。たぶんそんな感覚が、見られるという感覚が、すごく好きだったと思うんです。

でもスケートを長くやってきて、それがだんだん薄れてきたというか、当たり前になってしまったんですね。それに加えて皆さんの期待に応えるとか、プレッシャーもすごくかかるようになり、ただ楽しいじゃなくて緊張とか、失敗しちゃったらどうしようとか……。そういうものがだんだん積み重なってきて、背負うものが増えてきていたからそれが楽しくなくなったというか、楽しいと思う時間がなくなったんだと思います。

僕はアイスショーでも『いい演技をしなきゃ』というプレッシャーはかなりあるし、そのためにいっぱい練習をするんです。だからやっぱり、皆さんの前にいる時間がオフシーズンになかったからこそ、余計に『なんでスケートが好きだったんだろう』みたいな感じになってしまったのかなと思っています」

追い詰められたような気持ちになる中で、様々なことを自分で考え、決めていかなければいけなかった。そして4回転アクセルという高いハードルにも挑み続けなければならなかった。

「なかなかうまくいかない時があったからこそ、何か本当にあの時は自分の心の中がグジャグジャになって、頭もグジャグジャになって、もう何もできないみたいな状態でした。普通だったら何かゲームなどをしたらリフレッシュされて、『さあ、次は頑張ろう』みたいになれていたけど、あの時はどうにもならなかったですね」

一人で練習する苦しさを、嫌というほど味わっていた羽生は、そんな時期にGPシリーズの欠場も決めた。この年のGPシリーズは、各国間の渡航が制限されている中で変則開催になった。各選手は1大会のみの出場。その大会への出場条件も開催国の選手や審判、役員の他、開催国で通常練習している選手。さらに各エリアの地理的条件で招待された他国の選手のみの出場となった。

その後に第2戦のスケートカナダと、第4戦のフランス大会が中止となり、開催されたのは第1戦のスケートアメリカと第3戦の中国大会、第5戦のロシア大会、第6戦のNHK杯だけだった。ファイナルも中止が発表された。羽生は8月に「自分が出場することで、数多くの人が移動するだろう」ということを考慮。「私が自粛し、感染拡大の予防に努めるとなれば、感染拡大防止の活動の一つになりえると考えています」と、欠場を表明した。

試合へ向かうことで自分の気持ちを掻き立て、それを進化のエネルギー源にしてきた羽生にとっては、つらい決断でもあった。

Scene 1

つかみ取りたい光

2020年 全日本選手権

コロナ禍に見舞われた2020年、国内大会は無観客や人数を制限して観客を入れるなど、試行錯誤する中で開催されていた。羽生のシーズン初戦は、12月25日から長野市のビッグハットで開催された全日本選手権になった。

ショートプログラム前日の24日昼の公式練習で10か月ぶりに大会の場に姿を見せた羽生は、練習後に「久しぶりに複数の人数でリンクに乗って練習をしたので、まだ感覚はつかめていないところもありましたが、ある意味それも新鮮で……。僕としては本当に久しぶりのことだったので、楽しい感覚もありました」と笑みを浮かべた。

練習時間は30分間で7〜8人がリンクに上がるため、曲かけも全曲はかけられないのがこの大会の試合前日のスタイル。身体の動きには余裕がありそうだったが、混み合ったリンクで滑りづらいのか全力を出す雰囲気ではなかった。それでも初披露となったフリーの『天と地と』の曲かけでは、最初の4回転ループこそタイミングが合わずに1回転になったが、次の4回転サルコウをきれいに決めるとその後のジャンプも流れのある滑りで決め、感情のこもったステップを滑って4回転トウループ＋3回転トウループへとつなげた。そこで曲かけは終わったが、そのまま4回転トウループからの3連続ジャンプと最後のトリプルアクセルまで跳んだ。その後4回転トウループで転倒するシーンもあったが、苦笑いを浮かべた表情には余裕もあった。

羽生は、この大会に出ることを決断するまでに、いろいろ悩んだとも話した。

「自分の新型コロナに対しての考え方は、GPシリーズ欠場を決めた時と変わっていません。自分個人の考え方としては、なるべく感染につながるような行動はしたくないと。だから感染の第3波がきている状態の中で、僕が出ていいのかということは、かなり葛藤がありました。でもその先の世界選手権を考えれば、選考会となるこの大会の出場は必須なので。僕自身の希望をつなぐためにも出させてもらいました」

競技者である限りは試合に出なくてはならない。その時点ではまだ世界選手権開催も不透明な段階だったが、状況が改善されて開催される可能性もある。その可能性がある限りは準備をしておかなければいけない。さらにその世界選手権は、2022年に開催される北京五輪の国別出場枠獲得がかかっている大会になる。そんな重要な大会を、自分の都合だけで回避するわけにはいかないという、日本男子を牽引する者としての責任感もあった。

そんな思いもあったからこそ、シーズン初戦で新プログラムの初披露の場だったにもかかわらず、ノーミスの演技をしなければいけないという思いは強かった。それはのちに語られた、「今、確実に跳べるジャンプを選んで構成を決め、その練習を積んできた」という言葉にも表れていた。

ショートの『Let Me Entertain You』は、4回転サルコウと4回転トウループ＋3回転トウループを前半に入れて、後半はトリプルアクセル。フリーの『天と地と』は、前半に4回転ループと4回転サルコウを入れ、後半は4回転トウループの連続ジャンプと3連続ジャンプを入れる4回転4本の構成と、最も馴染んできたものだった。コロナ禍で葛藤しながら出場することを決めた大会だからこそ、現時点で自分ができる完璧な演技を見せたい。それが自分の務めであると決意して臨んだ全日本だった。

16－17シーズンの『Let's Go Crazy』以来、4シーズンぶりのロックのプログラムとなった『Let Me Entertain You』。「ロビー・ウィリアムスさんの曲なので、そのイメージを取り入れるようにして、ロックっぽくするのがコンセプトです」と話す羽生は、対面では振付けできなかったジェフリー・バトルとのプログラム作りをこう話した。

「最初にステップのパートが送られてきたけど、音の取り方とか手の振付けの仕方とか、ほとんど自分のアレンジが入っているものが多いですね。ジャンプに関しては一応『このタイミングでやりたい』と伝えていたら、なんとなくジェフが踊ってくれたものが来たので。それを元にして『自分のタイミングだったらここに持っていこうかな』というのを考えて意見を聞こうとしたけど、返事がなかなかこなかったので自分で振付けをやってきました。

こだわったのは、押し引きみたいなものです。いろいろなものを加えようとして。いわば全部を見所にしようと思ったりとか（笑）。ただその中でジャンプとの兼ね合いや、皆さんが見ている中で呼吸をできる場所や、本当に心から乗り切れるような、そういう芸術性みたいなものも考えながら振りを入れてきました」

そんなプログラムに対する思いは、ショート当日25日の午前中の公式練習でも見えていた。最初の4回転サルコウがパンクして2回転になりながらも、踊るようなつなぎを入れて次の4回転トウループ＋3回転トウループを跳ぶと、スピンを飛ばしてひと息入れたあとでトリプルアクセルを決めた。滑り出しからジャンプとジャンプの間のつなぎは複雑で難しいものが連続する。2分50秒間の滑りの中に、すべての要素をアップテンポな曲調に乗せて、流れ続けるような演技にしたいという意図が見えた。

午後4時過ぎの本番では、滑り出しから余裕を持って魅せる演技をした。最初の4回転サルコウは若干前につんのめるような着氷になり、次の4回転トウループ＋3回転トウループもセカンドの着氷からの流れは少し悪かったが、演技全体の中ではよどむようなところはなかった。複雑なつなぎを思う存分に楽しみながら、どこか冷静さもある滑り。そして最後のトリプルアクセルをジャッジ全員がGOEで+4〜+5の加点をつけるジャンプにすると、そこからはさらに気持ちを乗せてきた。

ステップシークエンスやスピンも余裕を持ってこなしながらもスピード感とキレのある滑りに。そして最後は笑顔で締めくくった。結果は1位だったものの、得点は103・53点。2位の鍵山優真には4・93点差をつけたが、その演技を堪能した観客にとっては少し低いと思えるもの。それをこう分析した。

「正直、楽しむことができた滑りだったと思いますが、点数的にはいい内容だったとは思えないので、明日に向けては修正して臨みたいなという感じです。とりあえずはテクニカルを全然伸ばし切れていないかなと思うので。自分のジャンプは出来栄えを取ってナンボなので、それをしっかりつけられなかったのは課題だと思います」

前半の4回転サルコウや連続ジャンプが納得できなかったという発言だった。そのあとにジャッジスコアが出ると、前半のジャンプは3・05点と2・99点の加点をもらっていたが、トリプルアクセルをきれいに決めて気持ちも乗り切って入ったシットスピンが、認定されず0点になっていた。足換えのあとのスピンが規定の姿勢を取れていないと判定されたからだ。それは本人にとっても予想外の結果だった。

今回は観客も歓声を上げることは禁止され、拍手のみの応援となった。

「滑っていて『お客さんの声が聞こえないんだな』というのを感じたけど、以前の新プログラムや衣装を見た時にかけられた声援を心の中に再生しながら、新しい応援スタイルを受け止めていました。正直、声援が聞こえないのは残念でしたが、たぶんテレビやネットで見てくれている方々は声を上げてくれているだろうなと感じたので、楽しみながらやらせてもらいました。

そもそもこの曲は振付けのジェフが選んでくれましたが、最初はピアノ曲を探していました。でもなかなかうまく決められなくて、候補曲を2~3曲渡されたけど自分の中でもしっくりくるものがなかったので。それでニュースとか世の中の状況などを見ている中で、皆さんはこういうつらい時でもスケートを見てくださるのだと考えて。だから自分も明るい曲を選んで、ちょっとでも明るい話題になったり見ている人たちに楽しんでもらえたらいいかなと思ってこの曲を選びました」

その思いは演技の端々に見えた。演技の途中には観客の気持ちを煽るように拍手を求めたり、アピールする動作も入っている振付け。観客と一体になり、ともに明るく楽しめる空間を作り上げようとするような演技だった。

約10か月ぶりの実戦。ショートを1位発進し、「まずはしっかりと身体を回復させることが大事だと思います」と冷静に話していた羽生は、翌26日午前の公式練習も、曲かけは最後のグループの6番目ということもあり、落ち着いた雰囲気で臨んでいた。身体を慣らしてステップを確かめたあとに3回転から跳び始め、トリプルアクセルを3本跳んで4回転に移ったのは15分ほど過ぎたころだった。

4回転ループへの入りを何回か確認したあと、4回転トウループ＋3回転トウループから跳び始め、4回転サルコウから次のトリプルアクセル＋2回転トウループにつなげると、次は冒頭の4回転ループから2本目の4回転サルコウにつなげる。自分の前の鍵山の曲かけが終わる直前には柔らかい踏み切りで4回転ループをきれいに決めて準備を終えた。

そして曲かけでは最初の4回転ループを軽やかさもあるジャンプで難なく決めると、次の4回転サルコウからトリプルアクセル＋2回転トウループ、2回転ループまで流れの中で決める滑りを。少し間を取ったあとに琴の音に乗ったステップを滑ると、後半に入れた4回転トウループ＋3回転トウループ、4回転トウループ＋1オイラー＋3回転サルコウ、トリプルアクセルをノーミスで決める。10本跳んだ4回転はすべてミスなく終え、最後はそれぞれのジャンプへの流れを確認して練習を終えた。冷静にやるべきことに集中し切った公式練習。心身ともにフリーへ向けた万全の準備ができていた。


フリーの『天と地と』は前シーズンの終盤に、「次は本当に自分らしいプログラムをやりたい」と考えるようになった羽生が、義を重んじた戦国武将の上杉謙信に強い思い入れを持って作ったプログラムだった。

「自分自身、去年のシーズンは全日本やGPファイナルのこともあり、自分が成長してないんじゃないかなとか、だんだん戦えなくなっているんじゃないかとか……そういう思いがあったりして、何か一瞬、『戦うのがつらくなったな』と思ったんです。ただそういう戦いの中で、試合で得られる達成感とか、試合があるからこそ乗り越えることができる苦しみだったり、そういったものが好きなんだなって改めて思っていたのと。あと、これは上杉謙信公の話ですけど、彼の中にある戦いへの考え方や、そこにある美学というか。いろいろな制限がある中で葛藤して、最終的には出家もされている。そういった悟りの境地のようなところまでいった謙信公の価値観と、自分の今の心境が似ているのかなと思ったので、そういったものをリンクさせながら滑りたいと思いました」

フリー本番、大河ドラマ『天と地と』のテーマ曲で滑り出すプログラム。初披露だったにもかかわらず羽生が見せたのは、緊張感に包まれた、見ている者を圧倒するような迫力さえある演技だった。

冷静に計算し尽くされたような動きの中で力みのない4回転ループをきれいに決めると、4回転サルコウからのジャンプもすべて流れを途切らせずに滑る。さらに後半に入れた4回転トウループからの連続ジャンプと3連続ジャンプ、トリプルアクセルも力を入れるようなそぶりを見せないで鮮やかに決めた。前日のショートでは4回転2本に不満を持っていたが、この日は「これぞ羽生結弦のジャンプ」と強くアピールするような流れのあるジャンプを続けた。

「このプログラムにはすごい思い入れもあるから、曲を聞けば感情も入ってしまうし、振付けの一つ一つにもいろんな意味を込めています。そのどれ一つが欠けてもプログラムとして成り立たなくなると考えているので。その中でもやっぱりジャンプを完成させないと、プログラムの流れとして伝わるものも伝わらなくなってしまうから、今回は何よりも、ジャンプを力むことなくシームレスに跳べたというのが一番、表現として完成できてよかったところだと思います」

こう振り返るプログラムの中でも、最初と終盤に響く琵琶の音や、中盤の琴の音色は印象的だった。

「最初の琵琶は曲そのままにある琵琶の音で、曲の流れが表しているようにある意味、戦いに行く準備と決意に満ちている感覚です。最後のイナバウアーをやったあとのスピンをやりながらの琵琶の音は、もともとあったものではなく、違うところから持ってきて曲と重ねたオリジナルなものだけど、そこはコレオステップの時に『もう戦いたくないのに、(国を)守らなくてはいけない』という意味で戦う気持ちや、最後に謙信公が出家する時に自分の半生を思い描いているようなイメージで重ねてみました。

琴の音は同じ大河ドラマの『新・平家物語』の音を使っていますが、どちらかというと日本風に持っていきたかったところもあったし、ステップシークエンスでは(武田)信玄公との戦いのあとで霧に包まれて離ればなれになった時に、自分と向き合っているようなイメージで……。その琴の音で自分と向き合いながら、心臓の鼓動とか血液の流れの脈動を感じ、スーッと殺気が落ちていく感じを伝えられたらいいなと考えました」

濃霧の中で武田信玄の本陣に切り込んだ川中島の第四次合戦を舞台にし、その中での上杉謙信の心の移ろいを描こうとした。そのために自分で選曲をし、自分で編集もして、心を込めながら、楽曲としてだけではなくスケートと合わせたうえで成り立たせた曲。それをより完璧にさせるために、ジャンプ構成も熟考した。

基礎点が1・1倍になる後半に連続ジャンプを集中させるのがこれまでのポリシーとも言えたが、前半の3番目にトリプルアクセル＋2回転トウループを入れた。

「最初はその部分に単発のトリプルアクセルと、単発の3回転ループか3回転ルッツと考えていました。でもあそこから琴の音が始まっていて、それが何か風が舞い上がるような感じの音だなという感覚があったので、それだったらそこにトリプルアクセルに両手を上げる2回転トウループをつけて、そのままの勢いで3回転ループに行く方が、風を意識させる表現としてのジャンプになってくるかなと思ったので、今回は前半に連続ジャンプを持ってきました」

得点よりプログラム全体の表現を優先させた、こだわりの構成。羽生はそれをノーミスで演じると215・83点を獲得し、合計では2人前の宇野昌磨が出していた284・81点を大きく超える319・36点にして、5年ぶりの優勝を果たした。

コーチ不在の中で様々な悩みを持ちながら、そして自分自身の心の葛藤とも戦いながら出場した全日本。そこで自分が表現しようとする世界を追求する、強い覚悟を見せつけた。

そんな羽生は、この苦しい状況を経験する中で、自分が成長できていることも実感できたと言う。

「今回のショートはまだ課題はあるし、はっきり言って完璧とは言えないですが、今日のフリーの演技に関しては自分自身すごく安心したし、また見ている方々も安心して見られるような自分本来の演技ができたと思います。これまでトレーニングしてきたやり方だったり、いろいろなものに間違いはないんだなと。今の身体に合っているトレーニングのやり方だったり、成長の仕方というのができていると思うので。それをまたさらにブラッシュアップして、もっと難しいジャンプに挑みながら、怪我もなく過ごしていきたいと思います」

ただ、久しぶりの試合を終えたあとでも、大会前に出場を悩んでいた気持ちは変わらないと明言した。「試合が始まる前に言ったことがすべて」だと。

「すごく個人的な意見というか考えなので、『それを貫いていいのかな』という葛藤は今でもあります。ただ、個人的にはもし世界選手権があるのであれば、そこに少しでも近づいておかないと、今後に向けて難しいなという思いがすごくあったので。今のコロナ禍という暗い世の中で、自分自身がつかみ取りたい光に手を伸ばしたような感じです」

新型コロナ感染を極力避けるために国内に残り、細心の注意を払いながら練習や生活をする状況の中で、自分のためにカナダからコーチに来てもらうべきではないと考え、コーチ不在のリスクを承知しながらも、一人で練習する道を選んだ。全日本選手権だけはコーチに来てもらうという考えもあったが、それも止めた。「何よりも自分が一人でもできるのであれば、今の世の中の状況の中で自分が胸を張って試合に出るためにも、コーチを呼ぶ場合じゃないと、自分の中で決断した」と話す。

羽生は試合後の記者会見や、そのあとで特別に行われた単独の囲み取材で、一人で練習していた時の苦悩や、全日本出場を葛藤していた時の気持ちを詳しく語った。

「どん底まで落ち切った時のことは一言では説明するのは難しいですけど、自分がやっていることがすごく無駄に思える時もあって。トレーニングとか練習の方向などはもちろん、自分自身で振付けも考えなくてはいけないというプレッシャーや、自分で自分自身をプロデュースしなくてはいけないプレッシャー。皆さんの期待に応えられているか。そもそも4回転アクセルって跳べるのかとか……。

そういう中で、他の選手はみんな頑張っていてすごく上手になっているという情報も伝えられて。何か自分は一人だけ取り残されているというか、一人だけで暗闇の底に落ちていくような感覚の時期もあって。『一人でやるのは嫌だな』『疲れたな』と思い、もうやめようかとも思いました。

でもそんな時に、今のこの気持ちを『春よ、来い』や『ロシアより愛を込めて』で思い切り表現してみたいという気持ちになって、そのプログラムを両方やってみたんです。そうしたらその時の感覚があまりにも幸せで、『あっ、これが自分の好きだったスケートだ。やっぱり自分はスケートが好きだったんだな』と思ったんです。スケートじゃないと自分は、すべての感情を出し切ることはできないなと。

だったらもう、自分のためにわがままになってもいいかなと思って。皆さんのためだけではなくて、自分のためにも競技を続けていいかなという気持ちになって。それがちょっとだけ、前に踏み出せた時でした」

4回転アクセルの跳びすぎで、左足がシンスプリントになって痛み、9月から10月にかけて1か月間休んだ。しかし痛みが引かず、トリプルアクセルすらうまくいかなくなり、どん底に落ち込んでいた。そんな期間が10月終わりくらいまで続いていたという。

「そこから少しずつ、コーチたちにもメールをしたりビデオを送って『こんな風になっているけど、どう思いますか』などと、いろいろアドバイスをもらったりして頼ることができ始めて。でも時差もあってライブで電話をできるわけではないので、結局は自分の感覚と今までの経験で練習を構築するしかなかったですね。

ただそれまでは、宇野選手や鍵山選手がどんどんどんどん技術的にうまくなっているのに対し、自分の中には自分が年寄りになっているみたいな感覚もあって。4回転アクセルを練習すれば足も痛くなるし、他のジャンプもどんどん崩れていってダメになっていくし。でもそういう悪いスパイラルの中でやっと、自分が長年経験してきたこと、怪我をしたことや、平昌五輪のこととか……あとは自分がうまくできた時のこととか、そういったものを消化してベテランらしくちょっとはいい演技が、いい練習ができるようになったんじゃないかなと思います。

一人でやっていて改めて思ったのは、自分を客観視できないところもあるので、自分以外の視点という意味ではコーチはすごく大事だなということでした。けれど逆に言うと、自分の場合は他の選手よりも経験が豊富にあるから、自分を客観視しやすいのではないかとも思えて。自分自身がどういう風に崩れていくか。どういう時にいい演技ができるのか、悪い演技になっていくか。それをいろいろ考え直して、コーチがいないながらもそういう経験を活かし切れたのが、今回の全日本の演技や、ここに向かってくるにあたってのトレーニングにつながったと思います」

そんなつらい挑戦の時期を支えてくれたのは家族だった。トロントを拠点にしてからは家族全員が揃う機会は少なかったが、仙台では久しぶりにそれができた。

「やっぱり、そういう時期に家族と一緒にいられたのは大きかったと思います。かなり煮詰まっていたけど、そういう中で家族がそばにいてくれて練習も含めて支えてくれた。スケーターとしている時間よりも、羽生家の中のただの末っ子みたいな感じでいられる時間がけっこうあったので、その時間が本当に癒やしでした。

わがままも言えるし、何か、ただ甘えられる時間がすごく大切だったと思います。周りを気にしないでなんでも言える。もちろん小さいころとは違って頭も使うようになったし、口も達者になったし（笑）。そこは子供のころとは全然違うと思うけど、スケートを始める前となんら変わらず、本当に自分が自分でいられる空間に身を置けたかなと思います」

心も揺れ、感情の起伏も激しい時間を過ごす中で決断した全日本出場。「光に手を伸ばした」という羽生だが、出場する理由を熟考する時間も長かった。

「本当に大変な9か月だったと思います。でも僕が大変だと思う気持ちは、医療従事者やその関係の方々、職を失ったり、そもそもお金が入らなかったりして生活自体が苦しい方々に比べてみたら、本当にちっぽけなことで……。僕自身は苦しかったかもしれないけど、言ってみれば僕がスケートをやれていること自体が、本当に恵まれているんだなと思います。

それに東日本大震災の時も感じたことですが、また改めて『スケートができることが当たり前ではないな』ということを痛感しました。やはり僕らより絶対に苦しんでいる方もいらっしゃいますし、家族が亡くなってもその最期に立ち会えない方々もいます。さらに今、本当に先が見えない労働をしていて、目の前が真っ暗になるような方々もいらっしゃると思います。そういう方々にとって、僕らがスケートをしているということは……ある意味仕事と言われるかもしれないけど、震災を経験した僕にとっては、やっぱりスケートは自分の好きなことでしかないので、それをこういう競技の場を設けてもらって最後まで戦い抜かせていただいていることが申し訳ないというか、罪悪感もちょっとありますが、自分がこの大会に出場したことで、自分の演技を見てくれた人たちが、ほんのちょっとでも気持ちが変わるきっかけにしてくれたらいい。明日まで持たなくていいしその時だけでもいい。終わってから1秒間だけでもいいから、少しでも生きる活力になってくれたらいいなと思いました」

この2020年は、夏に開催される予定だった東京五輪が、新型コロナ感染拡大のために延期されていた。そんな中で2022年北京五輪に対しての自身の位置づけを質問された羽生は、「率直に言ってしまえば、東京五輪が開催できない今の状況の中で、僕個人の思いとしては、冬の五輪のことを考えている場合ではないという意見です」と強い口調で話した。「国を挙げてやるイベントなので、そこには僕たちがわからない世界もあると思うけど、フィギュアスケーターの一人として五輪を語れば、そこはスポーツの祭典というよりも僕にとっては競技の最終目標です。だからそれだけを考えるのであれば、五輪を開催してもらいたいという気持ちはもちろんあるし、そこに出て優勝したいという気持ちはあります。ただ、現在の背景を考えれば、東京五輪も開催されていない現実が今あって、来年それがどうなるかもわからない状況です。そもそも観客を入れてできるのかとか、本当に五輪というものが開催されるべきか。いろいろな方々がいろいろなことを考えて意見を出されているとは思いますが、そういう中で僕個人としてはそれまで現役を続けるかどうかではなく、最終目標である五輪ということを考えてはいけないというリミッターがかかっています」

こう話すと、自分が今考えている最終地点として何を見つめているかについても改めて言及した。

「とにかく4回転アクセルを試合で降りたいです。何度も言っているように、それが最終目標です。ただ、今年は長い期間一人で練習をするにあたって、やっぱり4回転アクセルは難しかったし、そもそも『本当にたどりつけるのか』みたいな、『何か夢物語じゃないか』みたいな感覚さえあったことを考えると、本当に最終目標にしていいのかなという感じもしなくはないんです。ただ、自分の心に嘘をつかないのならば、やっぱりそこにたどりつかないのであれば、正直言って、今スケートを頑張る理由というかこういう世の中で自分がスケートをやりたいという気持ちを押し通してまで、トレーニングをさせてもらう理由がなくなってしまうと思います。

だから自分は4回転アクセルという、とても険しい壁に向かって突き進んで……。そこへのハードルはすごく高くて何の手掛かりもないのではないかというくらいに高い壁なんですが、それを幻像のままにしたくないという……。絶対に自分の手でつかみ取って、その壁の先を見てみたい。それだけが今、この世で自分がスケートをやっている理由かなと思います」

全日本選手権が終わった翌日の〝メダリスト・オン・アイス〟。羽生は自分がどん底から一歩踏み出すきっかけになったと話していた『春よ、来い』を滑った。彼自身が、『天と地のレクイエム』とともに、自分らしさや自分の色が出せていると最初に感じたプログラムだ。そして演技後には「この時期にぴったりというか、何よりもこの世の中に一番伝えたいメッセージだったので。少しでも心が温まるように演技をしました」と話した。

いつか来る春への待望と期待。様々に悩む中で、強い決意を持って臨んだこの全日本選手権。そこで自分が納得いく演技ができ、次の光への道筋をつないだ安堵感が、そのしなやかな演技から漂ってきた。

2020年全日本選手権
SP『Let Me Entertain You』

Naoki Morita/AFLO SPORT

Naoki Nishimura/AFLO SPORT

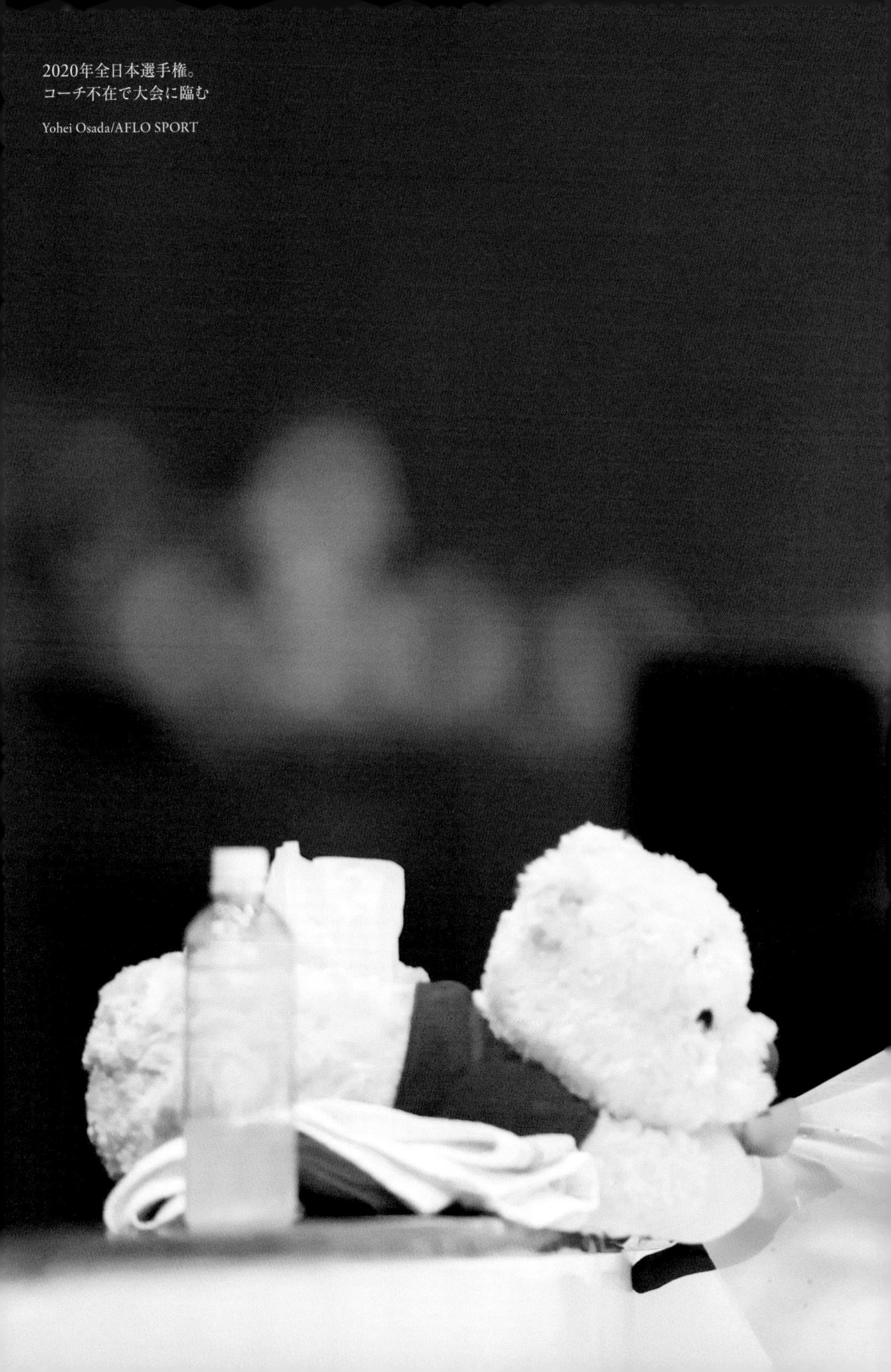

2020年全日本選手権。
コーチ不在で大会に臨む

Yohei Osada/AFLO SPORT

2020年全日本選手権FS『天と地と』

Naoki Morita/AFLO SPORT（2点とも）

初披露のフリーを終えて

Naoki Nishimura/AFLO SPORT

Scene
2

4回転アクセル

2021年 世界選手権

シーズン2試合目は、翌年の北京五輪国別出場枠もかかっている、世界選手権ストックホルム大会だった。

この大会は新型コロナウイルス感染拡大の中、2021年3月24日から無観客で開催された。選手や関係者を感染から守るためにすべてバブル内で行われ、スウェーデン入国後も指定ホテルに移動してPCR検査を実施。その結果が通知されるまではホテルの部屋に隔離されるという、異例の形で実施された。

3大会ぶりの優勝を目指す大会。3月21日に到着して翌22日の夕方からサブリンクで行われた2回目の公式練習から羽生はリンクに上がった。練習後のリモート取材で「家を出ようとする直前に地震があり、予定していた新幹線を使えなくなったので、それから飛行機の便を変えたりして大変でした。なので練習プランとしてはちょっとずれているかなと思うけど、練習ではこっちの氷ともしっかり対話できたと思うし、いい感覚で最後は終われたのかなと思います」と話した。

公式練習で行った曲かけは、フリーの『天と地と』。しっかり跳んだジャンプは中盤の3回転ループのみで、他のジャンプは入りのタイミングを合わせるだけで曲の最後まで滑った。気持ちを前面に出さない、冷静な表情が印象的だった。

「わりと淡々としているというか……。来るまでは自分自身いろいろと思うことはあったんですけど、現地に来て滑るからには、やっぱりこの大会を何かしら意味のあるものにしたいなと思っています」

曲かけで4回転を跳ばなかった理由は「最初にちょっと気合いが入りすぎたというか、いつもの空回りみたいなのが一瞬あったので、それからは自分のことをコントロールしながら。もちろん今回はブライアン（・オーサー コーチ）やトレイシー（・ウィルソン コーチ）がいるのでしっかりと話を聞きながら、自分のペースを守りながらやりました」と話した。

そんな冷静な姿勢と同じように、大会へ向けての気持ちも落ち着いたものだった。

「もちろんいい演技はしたいとは思っていますけど、全日本みたいにという気持ちは特になくて。ここはここで練習してきたことをしっかり出せればいいと思います。まだ感覚がすごく整っているわけではないので、毎日ちょっとずつ感覚を整えながら、身体を整えながらいい演技をしたいなと思っています。だから素直な気持ちを言えば、今はまだ『これをやりたい』とか、『あれをやりたい。こういう演技をしたい』という感じではないです。

ただ、北京五輪の枠取りには最大限貢献したいなと思っています。僕にとってこの大会へ向けた気持ちはそれだけです。あとはともかく、自分が目指しているいい演技を毎日一つずつ重ねていって、グラデーションのようによくなっていってくれればなと思っています」


特殊な形で行われる世界選手権。そこに出場することの意味を深く考え続けてきた。自分は今の状況の中で、何ができるのかと。

「とにかく今の自分ができることは、今回滑るショート、フリー。それにあったらエキシビションだと思うので、とりあえずその3つのプログラムをしっかり滑りたいなと思うし、僕なりの、今のこの世の中に対してメッセージのあるものにもできたらなと思います。そのためには、まずは自分が納得できる演技にすることが大前提だと思うので、今の自分の身体と対話して整えながら。最終的にはそこまでたどりついてこそ、皆様に何かが伝わる演技だと思うので、今やるべきことをしっかりやりたいなと思います」

この年は新型コロナウイルスに翻弄されただけではなく、羽生にとっては東日本大震災から10年目という節目の年でもあった。そこへの思いも問われた。

「それについてはいろいろ思うこともあるし、僕に何ができるんだろうという考えももちろんあります。でも、震災の時に出したコメントがすべてかなと僕の中では思っています。僕自身もその後、4回転アクセルに挑戦したり、苦しい時期もいろいろあったし、スケートに関しては大変だった時期もいろいろありました。ただ復興に関してはやっぱり、その人の命や人生がそこにはあるので、無理矢理にでもやらなきゃいけないことや、戦わなければいけないことがいろいろあるんだろうなというのは考えていて。その気持ちとしてはソチ五輪の記者会見で言ったこととあまり変わらないかもしれないけど、やっぱり僕はスケートをしているだけで、直接皆さんに何かをしているわけではないので、そこは変わらないと思います。ただ、このプログラムたちを通して、この子たちを通して。何か、10年だからこそというのではなくて、この時期のこの子たちを通して、何らかのメッセージや、心を動かすきっかけになるものを体現できればいいなと思いました」

様々な思いを心の中に秘めて臨んだ、3月25日のショートプログラム。本番前の6分間練習中、落ち着いた雰囲気で冷静にやるべきことを淡々とこなしていた羽生は、演技のスタートポジションについた時、身体に少しだけ硬さがあった。無観客で観客席からは声もかからない会場。その演技を見せて思いを伝える相手は、会場にいるジャッジとテレビやインターネット越しの人たちという、これまでにはない状況に難しさも感じていた。

だが、その硬さも最初の4回転サルコウを決めたあとにはほぐれ始めた。次の4回転トウループ+3回転トウループをきれいに決めると、後半のトリプルアクセルも3・54点の加点をもらう大きさのあるジャンプにした。そして全日本では0点だったシットスピンも丁寧にこなしてレベル4にすると、ステップシークエンスもメリハリとキレのある滑りをし、最後をコンビネーションスピンで締めくくった。

全日本では自分のショートを「ちょっと荒削りだったと思うし。見せたい気持ちはもちろんあるんですが、ただその中で『ジャンプが跳べたぜ、ウェーイ』みたいな感じじゃなくてもっとスマートに。ロビー・ウィリアムスさんだったらもっと、イギリスのロックなので余裕のあるロックだと思うんです。それがまだ表現できてないかなと思ったので、もっと余裕のあるイカしたものにしたいなと反省しました」と話していた。そんな思いも伝わってくる演技だった。

「全日本よりリラックスしているところもあり、緊張しているところもありました。世界選手権だからこそ、たくさんのスケーターがベストの演技をしてくると思って緊張していました。だからそれに負けない自分のベストをしっかりぶつけようと思っていたけど、ただ、このショートの僕にとって一番大きな意味は、皆さんに楽しんでいただけることだと思っていて。僕自身、この曲を感じ取りながら、曲が持っているエナジーなどを腕や身体全体に行き渡らせて表現しているので。

会場で手拍子や声援があればもっともっとよくなると思うし、今回はお客さんとコネクトするのは難しかったけど、振付けの一つ一つにお客さんとつながるような振りが多くある。インターネットやテレビの前では歓声が上がっていると思って演技をしていました」

演技後には「もっとよくできたところもあるが、演技内容自体には満足している。今日は今日で出し切れたと思う」と自己評価した。だが得点は106・98点と、周囲や本人の期待ほどは伸びなかった。最初の4回転サルコウと4回転トウループ＋3回転トウループはGOE加点2・22点と2・99点と思ったより伸びなかった。ともにジャッジの評価は+3が多く、特に4回転サルコウは0をつけたジャッジが2名いた。

しかし、そのあとに滑ったネイサン・チェンは、最初の4回転ルッツで転倒するミスが出た。後半のジャンプを4回転フリップ＋3回転トウループに変えて挽回を図ったが、得点は

98・85点。第4グループ滑走で100・96点を出していた鍵山優真にも及ばず3位となり、1位発進の羽生は3大会ぶりの優勝に前進したかに見えた。

だがそんな状況になっても、これまでは常に口にしていた「勝ちたい」という言葉を出すことはなかった。

「全日本の時に口にした『いろいろ思うことがある』という気持ちはこっちへ持ち込んできていると思うし、全日本の時と変わったかと言われれば変わってないと思います。実際に自分が住んでいる仙台や宮城県では今、感染者がすごく増えている状態なので心配をしています。ただここに来てスケートをするからには、僕がこの世界選手権で滑った意味を見いだしたい。もちろん皆さんが見てくださって何かしら感じてくださることはすごく嬉しいし、そういうようにしたいなという気持ちはありますが、最終的には僕自身が、ここで滑った意味を感じられるような演技を目指して頑張りたいなと思っています」

世界中が新型コロナウイルス感染拡大の中で苦しんでいる時期。その中で、無観客で開催された異例の大会。そこにはこれまでとは違う特別な感情も持って臨まなければいけない。それが何かと、自分に問いかけながらの戦いでもあった。

中1日を置いた27日のフリーは、ショートで3位のネイサン・チェンに8・13点差をつけ、直接対決では18年平昌五輪以来初めてリードする展開。周囲の優勝への期待は高まったが、微妙なズレが出てしまった。

その一つに本番前の会場入りが遅れ、ウォーミングアップができないということがあった。羽生はのちに「喘息の発作はフリーが終わったあとで『ちょっと苦しかったな』というくらいで、会場入りが遅れた理由ではありません。ただ、ちょっとしたトラブルが少しずつ続いて……。6分間練習では影響はないなと感じていたけど、最終的にはちょっとした綻びになってしまった感じでした」と説明した。

ショート1位だった羽生は最終滑走。3位発進のチェンが4種類5本の4回転を入れた構成をノーミスで滑って222・03点を獲得し、合計を320・88点に。ショート2位の鍵山は終盤にミスを重ねたが、合計を291・77点にしたあとの演技だった。

チェンの得点は、羽生にとっては届かないものではなかった。全日本ではISU非公認ながらフリーで215・83点を出していた。それより低い214点を出せば上回れるからだ。

だが羽生は『天と地と』の前半でミスを重ねてしまった。最初の4回転ループと4回転サルコウでは着氷で手をついてしまい、3本目のトリプルアクセルは前につんのめる着氷になって連続ジャンプにすることができなかった。そのあとの3回転ループと4回転トウループからの連続ジャンプ2本は確実に決めたが、最後のトリプルアクセルは着氷を乱して連続ジャンプをリカバリーすることができず基礎点を下げてしまった。

結局ジャンプのGOEは7本中4本が減点となり、成功した3本も各ジャッジの評価は+1~+3と加点を抑えられる結果。スピンとステップはすべてレベル4にし、流れが途絶えることもない演技だっただけに悔しさも残った。

「すごく疲れました。自分のバランスが一個ずつ崩れていったので、転倒がないようにと頑張ったとは思っています。でも本当に自分らしくないジャンプが続いたので、本当に大変だったなと思います」

ミスをした2本の4回転は、ともに跳び上がった時は「成功した」と思えるものだった。だがその後空中で回転の軸が動いてしまっていた。この日朝の公式練習の曲かけでは、4回転ループは大きく尻が下がる着氷になっていた。そのあとの4回転サルコウはきれいに決めていたが、トリプルアクセルは2回転トウループをつける連続ジャンプにはしたものの、アクセルの軸が斜めになっていて危うかった。そして最後のトリプルアクセルはパンクしてシングルになり、曲かけの間に跳び直していたが、そんな微妙な崩れが本番では一気に噴き出す形になった。

演技終了後には天に向き、「アーッ！」と悔しがるような表情を見せた羽生。結局フリーは4位の182・20点に止まり、合計は289・18点。チェンだけではなくショート2位の鍵山にも逆転され3位になったが、鍵山とともに北京五輪出場枠3の獲得には貢献した。


「正直悔しいし、今すぐもう一回滑りたいくらいですね。全体的には感覚も悪くなかったので、練習でもあまりこういうパターンは出なかったけど、何か一気にバランスがどんどん崩れていったなという感じで。アクセルに関しても、もちろん4回転アクセルをやっているというのもあるんですけど、それよりも何かバランスが崩れていってる状態の中で、うまく自分の平衡感覚をというか、軸をうまく取り切れなかったのかなと感じています。

何か全部波に乗れない感じで……。自分の中では一番大きな点数を取りたい連続ジャンプも出来栄えの方ではまったく取れてないんですけど、大きな転倒はなかったし。全体を見れば細かいミスだけですべて抑えられたところは、地力が上がったのではないかと思っています」

ショートプログラムを終えたあと羽生は、この大会へ向けた準備をこう語っていた。

「全日本のあとはここまで、本当に気持ちを盛り返して、なんとか這いつくばってやってきたという感じです。自分としてはこの試合のフリーで4回転アクセルを入れたいというのが本当の気持ちで、かなりギリギリまで粘って練習をしてきました。最終的には入れることができなかったので、ちょっと残念だったなという気持ちはあります。あとはこの戦いが全日本よりも過酷な戦いの場なので、そういった意味でも練習中に不安が襲ってくることもあって大変でした。それがあったからこその今回の出来だったと思うし、今のウォーミングアップの考え方やジャンプの考え方、スケートの考え方になっていると思います。それを大事にして、いつか『あの時の自分はよく頑張ったな』と言えるような演技を目指したいと思っていました」

4回転アクセルを跳びたいという思いが高まっている中、これまでの大会と同じような、「勝ちにいくための練習」をやり切ることはできなかった。それをあとになってこうも振り返っていた。

「20-21シーズンの全日本は、その試合のための準備がしっかりできていました。ただ世界選手権はある意味、全日本で燃え尽きたじゃないけど、『やり切ったな』と思ってしまったので、やっぱり4回転アクセルを跳びたかったんです。それである程度いい感覚にもなってきていて、『これはいけるんじゃないかな』とも思った時もあって。それで2月の終わりまで頑張ったんですけど、ギリギリで跳べなくて『どうしようか』と考えた時に、『いや、もうちょっと4回転アクセルの練習をしよう』と思って。それからはもう試合を捨てる覚悟で4回転アクセルの練習をしようと決めてやっていたんです。

だから世界選手権のあの結果は当然かなと、自分の中では思っていました。ただ、北京五輪の枠取りだけはしっかり貢献して、日本代表としてやるべきことはしっかりやっていこうという気持ちでした」

世界選手権フリー翌日のエキシビションで『花は咲く』を滑った羽生は、テレビインタビューで4回転アクセルへの意欲を「一発目（最初の試合）で入れる予定ではいます」と明言し、その思いをこう語った。

「この世界選手権で完璧な演技ができて、もし優勝することができたとしたら、かなり自分の中で満足していたと思います。『やり切ったな』と思えただろうと思います。ただ、それをさせてもらえなかったというか……。確実に順調に階段を上っていって、確実にいい形で公式練習から6分間練習までいっていたと思うんですけど、ちょっとしたズレで本番がぽろぽろと崩れてしまって……。

でもそれでよかったんじゃないかとも思うんです。『天と地と』は、全日本で4回転アクセルなしで完成できていると思うので。やっぱり4回転アクセル込みのプログラムの完成形をちゃんと見せなければダメだと言われたような気がして。

まだそんなにやっているプログラムではないですし、まだまだできることはたくさんあると思うので。自分にとってすごく大切なプログラムですし、たぶんこのまま続けていくと思います。来シーズンが始まるまでにはまず4回転アクセルを成功させること。そしてもしプログラムに入ったとしても、他のジャンプが崩れないように、プログラムとして完成させられるような練習を、常にしていかなければいけないということも考えています」

それはテレビ画面で口にした、現役続行宣言でもあった。

そんな4回転アクセルへの思いは、エキシビション開始前にリモートで行われた取材でも熱く語っていた。来年に迫った北京五輪をどう意識しているかと質問されると、「僕にとっての最終目標は北京五輪で金メダル、ではなく、4回転アクセルを成功させることです」と言い切った。

「今はこういう状況下でもあるので、いろいろな世界の情勢を見ながら、また自分の身体などを考慮しながら考えていかなければいけないと思いますけど、僕は今4回転アクセルの成功を目指している状況なので、その道筋の中に北京五輪というものがあれば考えます。

だから現役をやめるとかやめないではなく、4回転アクセルを跳べないと、たぶん一生満足できないので。もちろん一時期は『年を取ったな』とか『身体が動かなくなったな』などということを考えた時期もありましたが、今やっている感じでは、まだまだ自分も成長できるなと感じています。

僕の場合は過去の結果と比較されやすくて、『まだあの時期の勢いを保っているか』と言われると難しいところもあるかもしれませんが、自分では確実にレベルアップしていると思うし、確実に平昌五輪の時よりも、2017年のヘルシンキ世界選手権の時よりも絶対にうまくなっている自信はあるので。だから『限界だな』というのは感じてないし、そう思ってもそれをどうやって乗り越えていくかと考えていくだろうし……。

4回転アクセルを練習していく中で『跳べないな』と思って絶望感を味わった時に、どうやって乗り越えていくか、どうやって自分が頑張っていることへの報賞を与えていくかというのを考えるようになってからは、今の自分の知識だったり経験だったりを活かして乗り越えていかなければいけないなと思うようになりました」

この世界選手権へ向けては、自分でリミットを2月末までと決めて、そこまでに1本でも降りられれば世界選手権で挑戦しようと考えていた。だが期限内に成功させられなかったために、その挑戦を延長した。「その辺はもう死ぬ気でやっていました。他のジャンプも跳ばずに、2時間ぶっ続けでアクセルの練習をしていました」と苦笑しながら話す。

「自分の頭の中には、『天と地と』に4回転アクセルを入れたいという気持ちがやっぱりあるんです。その思いでこのプログラムを作ったというのもあります。だからまだ確定ではないけど、『天と地と』をまだやりたいなという思いもあるし。それに今シーズンは試合数も積めていないので、このプログラムのいいところをもっと見せたいと思う。4回転アクセルが入るとこのプログラムの印象もガラッと変わると思うので、そういう意味でも『この子を完成させたいな』という気持ちはあります。

ただ、その4回転アクセルを、どこかで跳べたらそこで満足するかといったらまだわからないですね。決めたとしてもどう決まったかもあるし、自分が納得できているかというのもある。4回転アクセルをすごく頑張ってやるというか、目標としてフォーカスしているというのも、結局は自分の心が満足できるかできないかというのが、たぶん根本だと思います。

だから4回転アクセルを跳んだとして、そこで満足できる内容だったらもしかしたら考えるかもしれないですけど、前にも言ったように、羽生結弦は確実にうまくなっているので。例えば、世界歴代最高得点を出したヘルシンキの世界選手権の時と構成を比べてみれば、ジャンプは1本少ないし後半の4回転もサルコウではなくトウループにしていますけど、ノーミスができる確率というか、崩れなくなった強さというのは確実にあのころより上になっていると思います。

あとはノーミスを狙えるようになってきたというのもあって。あのころは偶然でゾーンに入っていた、みたいな感じになってできたノーミスの演技だったけど、今はそれを狙えるようになってきているので、本当にうまくなってきたなと思っています。もちろん今は結果としてそれが出ないので『つらいな』とか『苦しいな』ということもあると言えばあります。それに今回の演技に関しても、点数が出ないジャンプたちだったし、出ない演技だったと思います。でもその点数以上に、『自分がやってきたトレーニングは間違っていなかったな』という感触もある演技でした。だから今、『ここで限界だからやめよう』みたいな感触はあまりないんです」

今後の練習拠点をどうするのかと質問されると、羽生は少し迷いを見せながら、フリーのあとにブライアン・オーサーコーチからもメールが来て、「練習する時間帯などを、クリケット・クラブにいろいろ掛け合うこともできる」と言われたことを明かした。

「ブライアンたちには『いつでもクリケットで教えることを楽しみにしている。早く一緒に滑れるようになるといいね』みたいなことは言われました。ただ自分の中で、カナダに帰るということを言い切れないところもあって。

やっぱり今シーズン、自分一人で練習をしていく中で得たものはすごく大きいんです。4回転アクセルの練習にしてもかなり、一人でやっている段階でいろいろわかってきたこともあるし。例えば複数の選手と練習をしていた場合に4回転アクセルをやろうとした時、コース上に誰かがいたりすると気が散ってしまうこともたぶんあると思います。

それに曲をかける練習で、フィギュアは特に優先順位があって、試合が近い人はいっぱい曲をかけられるけど、試合がない人はかけられないというルールもある。それがまったくない状態での練習が今は続いているので、かなり自由度が高くなって自分の考えているトレーニングプランに沿った練習もできている。それ（メリット、デメリット）をどう取るかだと思います。

ただ、身体の状態だけは懸念もあります。日本で練習していたここまでの間は、トロントでケアをしてもらっていた先生には見てもらえてなかったので、ガタがきていることは確かだと思います。4回転アクセルをやっているので、足だけでなく腰や首などいろんなところに負担はきている。そこも天秤にかけながら、いろいろなことを考えながら決めなければいけないと思います」

行動が制約される中で、一人で戦う苦しさを経験した。だが世界選手権では悔しい結果ながらも、自分が果たすべき役割は果たせたと安堵した羽生は、次への挑戦のための道が、さらに明らかになったとも感じていた。

Scene 3

誰かの光になれるよう

2021年 世界国別対抗戦

シーズン最終戦として、4月15日から大阪で開催された世界国別対抗戦。世界選手権と同じバブル方式で行われた大会だが、世界選手権に出場した日本選手はすべて、帰国後2週間の隔離が必要で、家には帰れずホテルに宿泊し、練習のためにスケートリンクへ行くだけの生活をしなければならなかった。

大会前日の14日に大阪入りした羽生は、午前の公式練習には参加できなかった。「14日間の隔離は今日やっと終わったところです」という状況だったからだ。

「自分のけじめとして、しっかり隔離期間を終えたうえで行動しようと思っていたので。これまではずっとホテルに宿泊し、自家用車でホテルとリンクを往復するだけの生活をしていました。そういう中で十分に練習ができたかといえば、そうではないというのが本音です。ただ、そうやって練習をさせていただける措置をとっていただけたことには本当に感謝しているし、そういった配慮のうえで僕は滑っていられると思うので。この大会ではしっかり自分の役割を果たしたいと思います」

午後4時過ぎからの公式練習では、氷の状態を確かめながら一本一本のジャンプにしっかり時間をかけて慎重に跳んでいた。それでもフリーの『天と地と』の曲かけになると表情も一変して気持ちが入った動きになり、最初の4回転ループをきれいに決めた。その後は曲かけの直前には軽い感じできれいに2本決めていた4回転サルコウをパンク。次のトリプルアクセル＋2回転トウループはしっかり決めたが、すかさず跳んだ3回転ループは手をつく珍しい姿を見せた。

気持ちを落ち着かせるかのように時間を取った羽生は、4回転トウループからの連続ジャンプと3連続ジャンプはきちんと決めたが、最後のトリプルアクセルは重心が下がる着氷になって乱れ、その後は滑りを止めてジャンプのイメージ確認に没頭していた。

得意とするトリプルアクセルも、世界選手権のフリーでは2本ともまさかと思えるような失敗をしていた。その後のエキシビションではきれいに決めていたが、帰国後の練習が十分でなく、微妙なズレを解消できていなかった。その後はショートのジャンプを流れの中で通したが、最初の4回転サルコウと4回転トウループ＋3回転トウループはきれいに決めたものの、最後のトリプルアクセルはパンクしてシングルに。そのあとの挑戦ではきれいに決めながらも、次に跳ぶと手をつく着氷になった。その後何度もトリプルアクセルに挑戦する姿はこれまで見せたことがないもの。彼自身がちぐはぐ感を覚えていることもうかがわせた。

「今日大阪に着いたばかりなので、まだ足が若干フワフワしていたところもあったけど、それも含めていい調整ができたと思います。今は大阪の新規感染者が過去最多を更新して大変なのは重々わかっているし、世界も日本も……また僕の地元である宮城県や仙台市が大変なのもわかっています。今季は試合を辞退したこともあれば、出場すると決断した大会もありました。その経験を踏まえたうえで今僕ができるのは、ここに立って、ここに演技を残して、誰かの何かしらの希望だったり、心が動く時間だったり……本当に1秒でもいいから、誰かの心の中に残る演技をすべきだと思ってここに来ています」

練習に制約のある中で、4回転アクセルに挑むことは無理だった。さらにこの試合は団体戦。「普通以上にいい演技をしなければいけない、という意気込みを強く持っています。だからこそ僕の気持ちよりも、構成よりも、みんなの力になる演技をしたいと強く思っている」と、自分自身にプレッシャーを与えて臨んでいた。

厳しいスケジュールの中での大会。羽生は出場するにあたっての思いを、「誰かの光になれるように」という言葉にした。

「世界選手権は完全にいい演技だったとは言えないんですけど、帰りの空港でがらんとした中で検査を受けたり入国の手続きをしている時に、普通の試合以上に『おめでとうございます』とか『演技を見て勇気をもらえました』とか、『希望の光でした』と声をかけてくれる人が多くて。そういう言葉をいただいた時に、僕はたとえ結果が良くなかったとしても、いい演技だったと納得できるものではなかったとしても、誰かのためになれているな、という感じがして。だから、それを常に心の中に持ちながら演技をしたいなと思いました」

翌15日のショートプログラム。昼に行われた公式練習から、羽生の表情には集中力の高まりが見えた。前日は少しズレのあったトリプルアクセルは最初の挑戦ではパンクしてシングルになったが、4回転トウループ＋1オイラー＋3回転サルコウを跳んだあとにフリーのつなぎのコースを滑って跳んだトリプルアクセルはきれいに決めた。さらにイーグルからのトリプルアクセルも余裕を持って決めると、納得の表情を見せた。

『Let Me Entertain You』の曲かけでは4回転サルコウと4回転トウループ＋3回転トウルー

プを細い軸のジャンプにすると、スピンの位置を確認してからのトリプルアクセルを余裕を持って決め、ノーミスの滑りにした。その後は練習終了のアナウンスがあるまで、コースをゆっくり滑りながらプログラムのイメージ確認に集中していた。

本番前の6分間練習も、すべてのジャンプをミスなく跳ぶ安定感を見せていた羽生。1人前に滑ったチームメイトの宇野昌磨がミスを重ねて77・46点で順位を下げる中での演技だったが、気持ちの入った冷静な表情で滑り出すと、前半の4回転2本はきれいに決めた。つなぎも含めて計算し尽くされたような滑りで、ノーミスも見えてきた。だが後半のトリプルアクセルで大きく前につんのめり、ギリギリで耐える着氷になった。

その後のステップは大きさとキレのある滑りで、スピードのある2本のスピンとともにレベル4にしたものの、トリプルアクセルが0・64点の減点。演技構成点で5項目すべて9・50〜60点を並べたが、得点は107・12点。次に滑ったネイサン・チェンが冒頭に予定していた連続ジャンプを後半に持ってきて得点を上積みして109・65点にし、羽生は2位という結果になった。

「アナウンスが日本語なので、自分ではあまり聞く気はなかったけど、宇野選手の点数があまり良くなかったのが聞こえてきたので緊張もしました。ただ、彼はミスっちゃったけど、彼の力とか魂とか、そういうものを受け取りながら頑張れたと思います。この試合で自分が貢献できることは、自分の演技にしっかり入り込んで自分のペースでやることだと思っていました。でも今回は本当に最後の最後まで、何か宇野選手とともに観客の方々の拍手など、外からの力を借りて滑らせていただいたと感じています」

演技が終わったあとの羽生は、複雑そうな表情を見せていた。トリプルアクセルのミスが悔しかったからだ。それでも「チーム競技というのではなく、自分の演技だけに限定すれば」と前置きをし、「このプログラムで初めて、試合で4回転サルコウと4回転トウループ＋3回転トウループをきれいに跳ぶことができたので、成長しているなと思えています」と話した。

冷静に振り返ってみれば、この日のプログラムは完成度が高かった。力ではなく技術で跳んだと言える前半の2本の4回転や、つなぎの滑りやスピンとステップ。全日本のあとで「ロビー・ウィリアムスさんの曲でイギリスのロックだから、もっとスマートで余裕のある、イカしたものにしたいなと思った」と話していたように、余裕を持った冷静な滑りになっていた。特に後半の大きさのあるステップやスピンは、観客と一緒に楽しむことをアピールしながら滑りたいという、生き生きとした気持ちも伝えられていた。

そして翌日のフリーへ向けては、「世界選手権は悔しさみたいなものもあったから、そのリベンジをしたいという気持ちも少なからずあります。その気持ちも素直に認めてそれプラスアルファ、今日のように『自分が成長しているな』と思えるような演技ができるように、しっかり自分に集中していきたいと思います」と話した。

翌16日のフリー。昼の公式練習では、世界選手権から特殊な環境で過ごしてきた中で蓄積した肉体的、精神的な疲労も少し見えた。時間を取って一本一本のジャンプを確かめるように跳んでいた羽生は、練習時間中盤にはつなぎのコースから4回転ループを跳ぼうとしたが、コース上に他の選手が入ったり近づいたりして、思い切って跳びにいけない状況が何度か続き、そのまま曲かけの順番になった。曲の中で最初の4回転ループは決めたが、次の4回転サルコウは抜けた感じになって2回転に止まった。そして後半も4回転トウループ+3回転トウループは確実に跳んだが、2本目の4回転トウループは着氷を乱した。さらに少し間を取ってから跳んだトリプルアクセルは3連続ジャンプにしたが、最後のサルコウは2回転に。

どこか乗り切れないまま練習を終えた。

それでも試合前の6分間練習は、時間をうまく使って残り1分前のアナウンスの直後に4回転ループを決めて終えた。そして5番滑走の本番。『天と地と』の最初の4回転ループはしっかり決めたが、次のサルコウは1回転になってしまった。

「かなり慎重に行っていて形も悪くなかったと思いますが、不運というか、自分が（練習で）跳んだ時の穴に思い切り入ってしまったので、どうしようもなかったんです。自分の性格上仕方ないと思うけど、普通の人よりかなり同じところで跳べるので。本当にわずかなエッジの幅で、そのくらいの溝ですが、しっかりとはまり込んで……。

自分が作った穴にはまらないように、他のところで跳べという話なんですけど、今まではそれを何回かやってみたけれど、結果がダメだったので。僕はやっぱり自分が信じる道を行きたいと。自分がそれほどに精密にできるというのが、たぶん自分の強みだと思うし、9割跳べるとかではなく100パーセント跳べるという風にコントロールできるのが自分の強みだと思う。それがGOE+5まで届くきれいなジャンプにつながると思っているので、しっかりと自分の強みを磨いていきたいと思っているんです」

そんなこだわりが招いた痛恨のミス。その後のトリプルアクセル＋2回転トウループからは立て直したが、4回転トウループからのジャンプで少し乱れが出てしまった。1本目の連続ジャンプはセカンドが高さのないジャンプになって2回転に止まり、3連続ジャンプも最後の3回転サルコウの着氷で少しよろけるミスが出て、後半に並べた得点源のジャンプを活かし切れなかった。

それでも最後のトリプルアクセルを高さのあるきれいなジャンプにすると、そこからのコレオシークエンスと2つのスピンでは感情のこもったキレのある動きを見せ、シーズン最後の演技を締めくくった。

その得点は193・76点で、最後に滑って203・24点を出したチェンには及ばず、ショートに続く2位という結果に。国別対抗戦の総合結果も最終的には、女子とペア、アイスダンスで強さを発揮したロシアが圧勝し、日本はアメリカに3点及ばないだけの3位となった。

「悔しい気持ちはもちろんありますが、世界選手権を終えてからの2週間は普通の生活や気持ちではなかったし、食事も普通には摂れなかったけど、その中でもよくやったと言ってあげたいですね。

試合前に『誰かの光になれるように』と言いましたが、今回はみんなが光だったと思います。今回、チームメイトの演技を見て、ショートの時もフリーの時も点数を見ながら『ああ、苦しかったり悔しかったりしたけど、頑張ったんだろうな』と、また改めて感じて、それがある意味〝導きの光〟のようにすごく強い力をくれました。僕が先輩としてなんとか頑張らなくてはいけないないという、普通とは違う力をいただけた試合だったなと思います」

そんな中でも、自分の演技で高く評価していたのは、最初の公式練習から苦しんでいたトリプルアクセルを、最後の最後には納得のいくジャンプにして3・04点の加点をもらえたことだった。

「世界選手権も含めたこの2試合では、トリプルアクセルがあまりにもうまく決まらなくてショックを受けていたというか、悔しかったというか……。何か、トリプルアクセルというジャンプに対して、すごく申し訳ないなという気持ちでいました。だからこそ今日は何がなんでも。最後の最後はもちろん世界選手権の記憶も被ってきましたけど、『絶対にきれいに決めてやるんだ』『4回転アクセルに続く道をここで示すんだ』という気持ちでトリプルアクセルに挑みました。

疲れている中で、あれだけスピードも落ちている中で、まぁ、あそこは表現としてもわざとスピードを抑えているところもあるけれど、その中で自分でも力を感じることなく、非常にスムーズに入れた、高さもあるいいジャンプだったと思うし、今できる自分のベストのジャンプを跳べたと思います」

この『天と地と』は、初披露だった全日本選手権では、羽生自身が「4回転アクセル抜きの構成では完成させた」という滑りをし、会場全体を濃密な空気で埋め尽くした。それと同じような滑りを、「最後の国別対抗戦でも再現したい」という気持ちは強かった。

「全日本の時と違いを考えれば、世界選手権は試合へ向けた練習をそんなにしないで行ったし、今回も世界選手権が終わってからずっと体調がよかったわけではないので。ストレスもあって体調を崩したり、お腹を壊したりといろいろなことがありました。さらに不運なミスもあったなとは思うけど、最後の最後までこのプログラムに寄り添って。世界選手権とは違って本当にこのプログラムの曲を感じながら、観客の皆さんの鼓動だとか呼吸や祈り、そういうものを感じながら滑ることができたので、ある意味満足しています」

そう言って、羽生は納得の表情を浮かべた。

世界国別対抗戦の演技を終え、次のシーズンへ向けて「やっぱり今シーズン、4回転アクセルを入れられなかったことは、すごく残念に思います」という羽生は、こう続けた。

「ただ、4回転アクセルを練習してきたからこそ見えてきた曲とのつながりとか、トリプルアクセルとの違いとか、他のジャンプへの身体の使い方とか考え方とか、いろんなことが見つかっています。今の知識や経験など、そんなものを結集させて、来シーズンは4回転アクセルも入れたうえでの完成された演技を目指して頑張っていきたいと思います」

そんな4回転アクセルへの並々ならぬ意欲を見せたのは、フリーの翌日。ペアと女子のフリーの前に行われた公式練習だった。観客も入っている中で行うエキシビションへ向けた練習だったが、羽生はそこで演じる予定の『花は咲く』の曲かけを早めに終えると、その後の時間の大半を4回転アクセルの練習に費やした。そのうち6回は回転しての転倒だった。その挑戦の理由を、エキシビション当日の18日に、こう語った。

「お客さんが入るとはまったく思っていなかったんですけど、フリーが終わってから身体がそんなに疲れていないというのもあって。試合の場所でやることにも意味があるかなと思ったし、このあとはまた一人で練習することになると思うので、刺激が少ない中でやるよりも刺激がある中でやった方がいいかなと思って……。やっぱりすごく上手な選手たちがいる中でやった方が、自分のイメージも固まりやすいかなという意図も持っていました。ただ、実際にやってみると、いい時のジャンプには全然ならなくて、非常に悔しかったですね。本当はもっといいし、もっと完成に近くなっていると思っています。はっきり言ってめちゃくちゃ悔しかったし、いいジャンプができなかったので、その悔しさをバネに……。若い時みたいですけど、本当にがむしゃらさも備えつつ、冷静にいろんなことを分析して、本当に自分の限界に挑み続けたいなと思っています」

こう言って明るい表情を見せた羽生は、3試合のみの出場に止まったシーズンをこう振り返った。

「抽象的な話になるかもしれないですけど、僕が世界選手権に出て初めて3位になったのは2012年で、もう9年前のことなんです。その時の結果と同じ順位に（東日本大震災から）10年の節目といえる年でなったんだなということを、改めて思いました。

というのも、今回は自粛期間があったり、試合出場を辞退したりしていた中で、ニュースや報道を見て新型コロナというのがどれほど大変なのか、またそれにどうやって向き合っていくのか、いろんなことを考えながら過ごしてきました。できればコロナ感染がゼロになることがいいですが、そうならない中でも進んでいかなければいけないし、いろんなことに立ち向かっていかなければいけない。ある意味僕の4回転アクセルではないですが、挑戦しながら最大の対策を練っていく必要があるんだろうな、ということを感じました。

そういう中で東日本大震災から10年という時期を迎え、自分自身のコメントを考えている時に、どれほど苦しいか、どんな苦しさがあるのか。また震災を本当に思い出してほしいと思っている人がどれほどいるのか。思い出したくない人もいるだろうとか、いろんなことを考えていて、『それって、今のコロナの状況と変わらないんじゃないかな』という風にも思いました。

震災のシーズンもそのあともそうでしたが、僕自身はもっともっと苦しくて、その中で被災者代表と言われるのが嫌でした。日本代表を自分の力で勝ち取って派遣されているのだから、被災地代表とは言われたくないという気持ちもあったし、自分自身でいろんなものを勝ち取りたいとすごく思いました。でもそれが、最終的には感謝の気持ちがすごく出てきて……。僕は震災で被害を受けた人たちを応援している立場ではなく、応援されているんだと気がついたんです。

それと同じような気持ちを、今年もすごく感じられました。何か、『自分が滑っていいのかな』とも考えたけど、『自分が滑ることによって何らかの意味をちゃんと見いだしていけば、それが自分の存在している証なのかな』とも思いました」

これまでには経験したこともない特異な状況になったこのシーズン。様々なことを考えた前シーズンと同じように、羽生にとってはまた違う学びを経験した。その苦しい時間は、自分がフィギュアスケートを滑ることの意味や意義を改めて問い直し、深く考える機会になった。

DO
YO

2021年世界国別対抗戦
EX練習中に4回転アクセルに挑む

Manabu Takahashi

2021年世界国別対抗戦公式練習

Manabu Takahashi

UNDER ARMOUR

2021年世界国別対抗戦
EX『花は咲く』

Manabu Takahashi

2021年世界国別対抗戦にて

Manabu Takahashi

Scene
4

感謝の思い

2021年のオフシーズン

20－21シーズン最終戦の世界国別対抗戦が終わった4日後。4月22日に開催された〝スターズ・オン・アイス ジャパンツアー2021横浜公演〟に、羽生結弦は「自分が滑ることで感謝の気持ちを伝えたい」と出演した。

2年ぶりのアイスショーでは「今回は楽しんでもらうというのが一番です。そもそもこうやってアイスショーをさせていただくことも特別なことだと思いますし、観客の皆さんも感染のリスクとか、いろいろなことを含めたうえでここに来てくださっているんだと思います。本当に苦しい世の中で、いろいろと生きづらい世の中ですけど、それでもここに来てくれたからこその特別な意義を……。せっかくだったらやっぱり、心から何かを燃え上がらせるような、明日への活力となるような演技をしたいと思いました」と言うように、4シーズン前のショートプログラム『Let's Go Crazy』を全力で演じた。

そして「時差があって日本は日付が変わってしまっていますが、4月21日はプリンスさんの命日でもあったので、プリンスさんの歌声とともに気持ちよく、そして何よりも会場の皆さんも楽しみながら見てくださったと思うので、そういうことも含めて感謝しながら滑らせていただきました」と挨拶をした。

次のシーズンへ向けた4回転アクセルへの思いは、「世界選手権前にかなり4回転半の練習をして、やっと道筋が見えてきたかなという風に思うので……。ただがむしゃらにやるだけではなく、基礎練習や、アクセルのために何ができるかというのをまた一から考え直し、一からアクセルを作り直して、ちゃんと羽生結弦のジャンプだと思ってもらえるようにするために、来シーズンへ向けて頑張っていきたいと思います」と話し、「これから考えることがいっぱいあります」と、オフシーズンの取り組みを楽しみにしていた。

羽生にとっては恒例となっていた〝ファンタジー・オン・アイス〟は、海外スケーターの招聘が困難だったために、前年に続いて開催できなかった。

7月9日から行われた〝ドリーム・オン・アイス〟に羽生は出演した。このエキシビションは、コロナ禍の2020年には7月から9月に開催日時を変更し、「Dreams on Ice 2020 Go for Tomorrow」という公演名で、新プログラムを滑る機会がなかった選手たちのプログラム披露の場として無観客で開催された。そして21年も各選手にとっては新プログラム披露の場であったが、羽生は19年のファンタジー・オン・アイスで、アーティストのToshIとのコラボレーションで滑った『マスカレイド』を演じた。

その公演に先立ち、公演プログラム用インタビューで6年ぶりに出場するドリーム・オン・アイスへの思いや、前シーズンを振り返ってこう語った。

――久しぶりのドリーム・オン・アイス（ＤＯＩ）出演ですが、印象に残っている過去の思い出を聞かせてください。

「ＤＯＩは僕にとっていろんなことを学ぶ場所というよりも、『皆さんに見てもらいたい』という気持ちの方が大きい場所でした。『自分の気持ちを演技に全部詰め込んで、いい演技をしたい！』『見て、見て！』といった感じでずっと滑っていたように思います。その気持ちが強すぎて、空回ってしまうことが多いのもＤＯＩでした。特に『Hello, I Love You』（２０１２年）のステップで転んでしまった時の演技は一生忘れられないと思います（笑）」

――昨シーズン、初戦の全日本選手権は「絶対にノーミスをする」という覚悟を感じる演技でした。全日本へ向けて、どんな思いを持って臨んだのですか。

「昨シーズンは全試合ノーミスすることしか考えてなかったので……全日本しかノーミスできなくて悔しい気持ちは強くあります。全日本は、11月の終わりごろに初めてフリーの通しでノーミスができて、そこから一気に仕上がっていきました。ショートはそこそこノーミスできていたのですが、やはり4回転アクセルの練習との両立が難しかったこともあり、フリーはなかなかうまくいきませんでした。左足への負荷もかなり強く、身体にも、他のジャンプの練習にも大きな影響が出ていたので、初めてフリーのノーミスができた1週間前ぐらいからは、4回転アクセルを諦めて全日本のための練習をしていきました。

ただ、『全日本に出るべきなのかどうなのか』という気持ちはずっとあって、ギリギリまで決心ができませんでしたが、練習だけは積んでおこうと思って、しっかり練習はこなしていました。その成果が初めての、練習でのフリーのノーミスという結果につながったので、それから自分の練習内容にすごく自信を持って、いい状態で臨めたと思います。コロナ禍ということで、葛藤もかなりありましたが、ある意味では、その悩みのおかげで自分が試合に出る意味、スケートをする意味をちゃんとわかったうえで試合に臨めました。精神的にすごく落ち着いて、自分の最高の演技をするということだけに気持ちを使えたと思っています」

——全日本のショートはシットスピンが0点と判定されたのは残念でしたが、見る限りはノーミスと思える滑りだと思いました。自身でどのように評価していますか。

「本来はもう少し早めにツイズルからシットスピンに移行できるはずだったのですが、もっと速く回りたいという気持ちが強くて、助走を少し多くしてしまったことと、シットスピンのあとの音で手拍子を誘いたいという気持ちが勝手に出てきてしまって（笑）。楽しかったことは楽しかったのですが、楽しみすぎました。やはり試合なので、ちゃんと地に足をつけたうえで、楽しむべきだと、すごく反省しました。ただ、自分にダメ出しするだけでなく、久しぶりの試合で、新プログラムという状況であっても（自分的には）ノーミスできたことは評価してあげたいとも思いました」

――フリーを『天と地と』に決めるまでの経緯と考えたことを聞かせてください。

「かなりいろんな曲を聞いて、それでもなかなか決まらなくて、とても時間のかかった選曲でした。小学生のころから上杉謙信公のことが好きで、考え方や戦い方に憧れを抱く存在でした。この曲を聞いた時に、今の自分の気持ちと謙信公の考え方などに共通点があるような感じがして、この曲を滑りたいと思いました」

――自分で曲を編集した苦労はどのようなものでしたか。

「『SEIMEI』の時からこれまで、いろんな経験を積んできていたので、わりとイメージはすぐに浮かんできました。ただ、そのイメージを伝えたりすることが難しくて苦戦したところはありましたが、イメージ通りのプログラムにしていただけました。表現したい物語や思いなどは固まっていたので、そこまで迷うことはありませんでした」

――全日本での演技や結果をどう評価していますか。またその時点では開催が正式決定していなかった世界選手権へ向けては、どういう風に立ち向かおうと考えていましたか。

「全日本はかなり満足していました。戦いに勝つとか、ノーミスできたからとか、そういう理由ではなく、練習がしっかりと結果に結びついてくれたことが何よりも嬉しかったです。でも、その時の世界選手権に向けての気持ちは、すごくフワフワしたものでした。正直、まだその舞台で演技をするイメージが湧きませんでした。全日本で目標が完全に達成されてしまっていたので、少しだけ燃え尽きていたのかもしれません。ただ、身体を早く回復させて、4回転アクセルを成功させるんだという決意はありました」

――世界選手権は最大の目標を五輪出場枠獲得に定めていたとのことですが、どういう気持ちで臨みましたか。

「はっきり言ってしまうと、試合への準備が全然できていませんでした。何よりも4回転アクセルを降りたい、4回転アクセルとともに世界選手権に行きたいという気持ちだけで練習していました。その練習での足へのダメージもかなり大きく、直前には地震などもあってかなり心も身体も消耗し切っていました。ただ、世界選手権は五輪出場枠がかかる大切な試合なので、4回転アクセルという一番のモチベーションは捨てて、五輪出場枠を最大で獲得するために滑るんだという意志で滑ってきました」

──世界選手権と世界国別対抗戦での演技や、結果についての評価を聞かせてください。

「世界選手権にはいいイメージがないです。当時は『頑張った』と思えましたが、今もまだ映像を見返すことができません。原因は完全に試合への準備不足で、全日本でできていた演技すらもできなかったことが、とても悔しいです。国別対抗戦は、かなり体力もギリギリの試合でした。帰ってきて隔離生活の中でセルフケアをし、しっかりと休んで、試合に出るまででいっぱいいっぱいの時間でした。どちらの試合も後悔はしていませんし、それぞれの最善は尽くせたと思っていますが、演技内容は満足いくものではありませんでした。ただ、エキシビションでの『花は咲く』は、両大会とも心からの演技ができましたし、僕自身が幸せをいただきました。また、国別対抗戦での練習で、4回転アクセルにトライして、全然ダメだったからこそ、また改めていろんなことを考えさせられて、4回転アクセルの成功につながる道筋が見えてきたように感じています」

――出場した3試合、シーズンを通しての戦いから得られたものを教えてください。

「それぞれの試合での目標は達成できていますし、それによって自分を肯定してあげられるようになったことが、このシーズンで一番成長したことだと思います。もちろん世界選手権はかなり悔しいですが、目標自体は達成でき、また演技内容もその時のベストではあったと思うので、ある意味では肯定できています。あと、練習の仕方や考え方が確立されてきたことは大きいです。そして、それがちゃんと結果として出てくれたのもかなり大きな収穫でした。まだまだ改良の余地はありますが、自信を持って自分の練習理論に頼り切れるようになりました」

――来シーズンの目標は、『天と地と』を4回転アクセル入りで完璧な演技にすることだと思いますが、どんな取り組みをしていこうと考えていますか。また、ショートプログラムの予定について聞かせてください。

「まずは成功させてからじゃないと話にならないので、成功させたいです。まだ時間はかかるかもしれませんが、使える知識と知恵をすべて使って、挑み続けたいです。まずは4回転アクセルではなく、アクセルジャンプと向き合いながら、4回転アクセルを目指そうと思っています。ショートプログラムは、『羽生結弦』ならではのプログラムにしたいと思っています」

もうすぐ開幕する21‐22シーズンへ向けて、まずは4回転アクセルの成功を目指していきたいと話した羽生。後日のインタビューでは、「4回転アクセルがなかったら、間違いなく競技をやめていた」と言い切った。

「平昌五輪のあとはモチベーションがまったくなかったので、もっともっと早く引退を考えていたと思います。それ（4回転アクセルを跳ぶこと）を小さいころに言ってしまっているな、というのはあったし、アクセルジャンプがすごく好きなので。だから、何か爪痕を残したいなとすごく思っているんです。別にフィギュアスケート界の未来のためとか、日本スケート界のためとか……そういうのは関係なく、本当に自己満足かもしれないけれど、自分の限界をこじ開けたいみたいなところでやっているので。

たぶん、陸上の100m走で言えば8秒台を出したいと思っているようなものだとも思いますね（笑）、本当に世界で誰もできていないみたいな。だけど人間の限界は誰かが決めるものでもないですし。科学はいろんなことを証明してはいるんですけど、個体差はいっぱいあるので。何か一般の常識を超えるようなジャンプができたらなと思っています」

このＤＯＩは、羽生にとっては久しぶりに経験する、3日間開催で1日2公演の日もあるハードなスケジュールだった。そこで演じる『マスカレイド』は、初めて滑ったファンタジーでも「最初から最後まで全力で滑らなければいけないのですごく疲れるんです」と話していたプログラムだ。

「このプログラムは演じる機会がなかなかなかったのですが、ただあのころとは違って、もっと表現したいこともあったりして。それにもっと客観的に何か感じてもらえるものが、この世の中だからこそ増えたんじゃないかという風に思って、自分の中で演じたいと、選びました」

こう話す羽生はその滑りに向け、「久しぶりに1日2公演もあって大変ですけど、世界選手権の時よりも、このプログラムへ向けての身体をしっかり作ってきたので。いい演技ができるように頑張ります」と続けた。

「ドリーム・オン・アイスは先輩の背中を見るところでもありつつ、逆に自分たちの個性をぶつけ合う場所。『全力で自分をどれだけ見せ切れるか』みたいな場だと思っています」と話していた9日の本番。

「今シーズンは、自分の最大の夢に向かって全力で努力していきます。今日、この場所に、今の自分が持てるすべてのエネルギーをスケートに込めます」という羽生のコメントが会場に流れたあとの『マスカレイド』。最初から勢いよく滑り出すと、その後の静寂なパートでは思いを内からにじみ出させるように踊り、中盤のトリプルアクセルを迫力十分のジャンプで決めると、そこから一気にエネルギーを爆発させる。

自分の顔さえ忘れてしまいそうになった怪人の苦悩。素顔に戻りたいと熱望を込める激しい身振り。最後は大きさとスピードのあるコンビネーションスピンで締めくくる圧巻の滑りを見せた。そして公演終了後の取材ではこう語った。

「やはり皆さんの前で滑りたいという気持ちが強くありました。昨年はアイスショーがなくて、本当に『皆さんの前で滑りたかったな』と思いました。それに自分が昨シーズン試合に出るたびに思ったのは、自分が演技をすることで誰かの役に立つのではないか、何かを感じていただけるのではないかと……。皆さんのために少しでも多くの場所で滑りたい、と思って今回のドリーム・オン・アイスに出させていただきました。

もちろん、僕自身もたくさんのパワーをもらえましたが、そのいただいた力をまた演技に変えて、皆さんに恩返しできたらいいなと思います。今日の初日を滑って、1公演でもうヘトヘトですけど、少しでも皆さんの何かしらの感情のきっかけになっていたらいいなと思います」

シーズン終了後は、昨季酷使してきた身体を労りつつ、アクセルの基礎の練習をするなど、また一から4回転アクセルへ向けて作り直す作業をしてきた。きたる21－22シーズンのGPシリーズには、第4戦のNHK杯と第6戦のロステレコム杯のエントリーが決まっていた。ファイナル進出となれば、中1週ずつで3連戦となるスケジュールだ。

「試合自体がないと4回転アクセルを跳んでも意味がないと思うし、試合で決めたいという気持ちが強くあるので、その機会を少しでも持てたらいいなと思ってGPシリーズに出場させていただくことを決めました。第4戦のNHK杯が決まった段階で、スケジュールを考えれば必然的に第2戦のカナダか第6戦のロシアになりますが、第3戦の中国もあるかなとも考えていました。ただ、僕の場合は世界選手権3位で（エントリーの）決定権を持てなかったのでNHK杯とロシアになりました」

さらに北京五輪への気持ちを問われると、「平昌五輪のように絶対に金メダルを獲りたいという気持ちは特にありません」と、これまでと同じような回答をした。

「ただ、必ず今シーズンは4回転アクセルを決めるんだという、強い意志はあります。しっかりと決意を持ってシーズンに挑みたいと思います。だから北京五輪もその道の中にあればという気持ちですが、先ほど言ったように平昌五輪シーズンやソチ五輪シーズンの時のような熱量はないなと、自分の中では思っています」

獲るべきタイトルはすべて獲り切った、という思い。唯一心の中に残るのは4回転アクセル成功だけという気持ちを、改めて明らかにした。

Scene

5

夢を追い求めて

2021年 全日本選手権

11月12日からのＮＨＫ杯出場へ向けて練習をしていた羽生だが、11月4日に日本スケート連盟を通して欠場を発表した。練習中に右足関節靱帯を損傷したからだ。

「ＮＨＫ杯に向けて全力で取り組んできましたが、たった一度の転倒で、怪我をしてしまい、とても悔しく思っています。

ここまで、最善の方法を探し、考えながら練習してこられたと思っています。

今回の怪我からも、また何かを得られるよう、考えて、できることに全力で取り組みます。

今は少しでも早く、氷上に立つことを目指し、痛みをコントロールしながら氷上でのリハビリをし、競技レベルに戻るまでの期間をなるべく短くできるように、努力していきます。

どんな状況でも、応援してくださり、いつも温かい気持ちになっています。本当にありがとうございます。皆さまの応援の力をいただきながら、さらに進化できるように、頑張ります」

こうコメントをした羽生は、あとになって、その怪我の詳細をこう説明した。

「怪我をしたのはフリーの通し練習をやっていた時で、4回転アクセルをやってそのまま次の4回転サルコウにいった時に氷にエッジが絡まってしまいました。研磨したばかりなのでその感覚がなかったからしょうがないと思ったけど、普通だったらエッジが抜けて転倒するはずが、バキッといってしまって。4回転アクセルをやっていたことと、エッジのメンテナンスをちゃんとやり切れなかったことが大きくて、結果的に捻挫になりました」

これまでにも経験したことがある右足首の捻挫だった。

「どうしたら早く治るかは知り尽くしているので、加圧で治療を促したり……。できることは限られているけど、超音波や低周波など、いろいろ使いながら回復に努めました」

だがその後、11月26日からのロステレコム杯にも間に合わないと判断。「日常生活では痛みの影響はなくなってきたが、動きによっては痛みが出てしまう」と、17日になって欠場を発表した。五輪を控えるシーズンにもかかわらず、シーズン初戦は前シーズンと同じように、12月下旬の全日本選手権となった。

羽生の4回転アクセル挑戦への期待が高まる、12月23日からの全日本選手権。

ショートプログラム前日の23日の昼に行われた公式練習では、曲かけはフリーの『天と地と』だった。その順番が1番目だったこともあり、冒頭のジャンプはトリプルアクセルにし、4回転サルコウを跳んでトリプルアクセル＋2回転トウループ、3回転フリップと続けた。そして軽めにステップシークエンスをなぞって滑ったあと、4回転トウループ＋3回転トウループを跳んでから滑りを止めた。「実は、提出した音源を間違えていたので途中で止めました」と苦笑して語った。

その後はトリプルアクセルや4回転サルコウなどを跳ぶと、トリプルアクセル＋3回転ループに3回続けて挑んだ。『天と地と』の初披露だった前年の全日本では、3本目のジャンプを「風が舞い上がる感じを表現したい」と、トリプルアクセルに両手を上げた2回転トウループをつける連続ジャンプにし、そのあとを3回転ループにしていた。だが今回、4本目は3回転フリップに変えているのを見れば、この先には、3本目をトリプルアクセル＋3回転ループにするという意図もあることを見せる挑戦だった。

そして練習の終盤になると、リンクを縦に滑ってきてタイミングが合わずに跳び上がるだけにしていたアクセルを、跳ぶ位置を反対にして挑戦し、4回転半回って手をつく着氷にした。2019年GPファイナルや昨季の世界国別対抗戦の公式練習と比べればスピードを若干抑えたうえでの踏み切りだったが、その後もシングルになったジャンプを2回はさみ、両足ながら2回着氷。まだ若干の回転不足ではあるが、転倒なしの3本の4回転アクセルに、見ている人たちの興奮度は上がった。

「今日は自分の中で軸作りが一番大事だと思っていたので、回転を10割かけている状態にはせず、この氷で軸を作るということを意識しました。今日やるべきことをやったという感じです。これまでの練習では、10～11割で回って4分の1回転不足の〝q〟がつくくらいで転けるという感じで、まだ一度もクリーンには降りられていません。

今日は回転不足でみんな両足着氷でしたが、両足でしっかり軸を作りながら降りるような感じにしていて。回転をつける日ではなかったので、自分の中ではあれでオッケーだなと思っています。ジャンプに入るスピードも前より落としているけれど、もちろん戦略的にはいろいろあるので。ただがむしゃらにぶん回して跳べるのであれば、たぶん去年のうちに降りられていたと思います。だから今回の意図としては、軸をちゃんと早く作れば、回転でも速く回るという意味で、スピードを少し遅くしています」

この日挑戦した4回転アクセルについて説明した羽生は、ここまでの経過も話しながら、北京五輪という言葉も口にした。

「正直言って、一昨日の段階で4回転アクセルが決まらなかったら、(全日本での挑戦は諦めて)もう北京五輪で頑張るしかないなと思ってやっていました。でも本当は自分の中では、『このくらいのアクセルでいいのでは』という思いになった時もありました。クリーンではなくてGOEもつかないかもしれないけど、形としては4回転アクセルになっているので、よく頑張ったんじゃないかと。この2年間かなり練習して向き合ってきた中でこのくらいなので、『もういい(十分やった)んじゃないかな?』という気持ちにもなって……。

でも最後の練習の時に、ギリギリまで踏ん張って1時間半くらいアクセルをずっと跳んでダメだった時に、いろんな気持ちでグチャグチャになりながらも『僕だけのジャンプじゃないな』と思って。言い出したのは僕だけど、皆さんが『僕だけしかできない』と思ってくださるなら、それをまっとうするのが使命かなと思って……。

ここで降りられたら満足するかもしれないし、全日本で降りることをまだ諦めてはいないですけど、今回やるべきことは積み重ねだと思っているし。ショートのあとの練習とか本番で降りられるかもしれないけど、『その延長線上に北京五輪はあるかもしれない』と腹を括って、ここまでやってきました」

昨シーズンのオフは、4回転アクセルに挑戦することで様々な影響が出て、他のジャンプが跳べなくなる時期もあった。だがこの日の公式練習では、4回転サルコウも4回転トウループも力みのないジャンプで軽々と跳んでいるように見えた。4回転アクセルが完成に近づいた中で、他のジャンプも進化しているところを見せるものだった。

そんな羽生は、「羽生結弦らしいプログラムにしたい」と話していた今季のショートプログラムを、『序奏とロンド・カプリチオーソ』にしたと明らかにした。

「自分の中で『羽生結弦でしかできない表現のあるショートはどんなものがあるのかな』と思ってピアノ曲を探していたんですけどなかなか見つからなくて。でもそのうちに、自分が昔からやりたいなと思っていた『序奏とロンド・カプリチオーソ』という曲を思い出して、『これを滑りたいな』と考えて。

であれば、それをピアノバージョンで滑ったら、より自分らしくなるのかなと思いました。

ただ、既存のピアノバージョンでやるのではなくて、僕が先シーズンすごく心が折れてつらかった時期に滑らせていただき、『あっ、これが自分の好きだったスケートなんだ』と感じて、本当に生きる活力とか滑る活力をもらえた『春よ、来い』を演奏していただいた清塚信也さんのピアノなら、もっと気持ちよく滑れるだろうし、気持ちを込めて滑ることができるんじゃないかと思って。それで清塚さんに頼んで編曲してもらい、オリジナルバージョンを作っていただきました」

大会前の練習では一度もノーミスの滑りができていなかったという『序奏とロンド・カプリチオーソ』。ショートプログラム当日の公式練習の曲かけでは、最初の4回転サルコウは決めたが、次の4回転トウループからの連続ジャンプは、パンクして2回転になるミスをした。さらに間を取ってからのトリプルアクセルも着氷が若干乱れた。それでもそのあとはスタートポジションから滑り出してジャンプを通す練習を3回やり、3回ともノーミスでジャンプを決めて練習を終えた。

本番のショートプログラム、23番滑走の宇野昌磨が101・88点を出して暫定首位に立ったあとの演技。「公式練習ではエッジが引っかかったりするなど、いろいろあって空回りをしてしまったのでちょっと心配だった」という羽生には、もう一つの不安もあった。このさいたまスーパーアリーナで2019年に行われた世界選手権では、ショートで最初の4回転サルコウが、6分間練習で自分が作った氷の穴にはまってしまいミスになっていた記憶もあったからだ。今回もその時と同じ場所で4回転サルコウを跳ぶため、緊張もあった。

しかし、その4回転サルコウはジャッジ9名中6名が満点の+5、3名が+4をつける、加点4・57点のジャンプにする滑り出し。次の4回転トウループ+3回転トウループは、最初の4回転が少し低いジャンプになってしまったが、しっかりセカンドの3回転をつけると、最後のトリプルアクセルは高さと流れもあり、ジャッジ8名が+4、1名が+5をつけるジャンプにした。

「最初の4回転サルコウが決まった段階で少し落ち着いて、しっかり演技ができたんじゃないかなと思います。4回転トウループは大きく耐える形になったんですが、先シーズンの世界選手権に比べると、4回転アクセルの練習をやりながらでも他のジャンプの練習もしてこられたので、あそこのドタバタで活きてくれたのかなと思っています。ただ、サルコウとアクセルに関しては、非常にコントロールされたジャンプだったと思います」

その言葉の通りに、耐えたという4回転トウループ+3回転トウループも2・58点の加点を得て、3本をしっかり揃えた。

「最初はジェフリー・バトルさんにプログラムの振付けをお願いしましたが、自分の中でも『こうやりたいな。あれもやりたいな』とかいろいろな背景もあって。それでジェフやブライアン、トレイシーに相談させてもらいながら、最後にはシェイ＝リーン（・ボーン・トゥロック）にも加わってもらって、コラボレーションという形で作りました。

ジャンプは自分ができる最大難易度ではないと思うけど、プログラムの構成に関してはジャンプの前に入っているクロスは1個くらいでほとんど入れてないので、そういうところも見ていただきたいなと思います。表現の方もまだ『バラード第1番』や『SEIMEI』など、自分の代表プログラムたちまでは洗練されてないかもしれないけれど、具体的な物語だったり曲に乗せる気持ちが強くあるプログラムなので。ジャンプだけでなく全部見ていただけるようにこれからもしていきたいなと思います」

清塚氏に編曲を依頼した時は「ピアノ曲ありき」という感覚で、打ち合わせをした時も「パッションがあふれるもの。その中にも切なさだったり、繊細さなどがあふれるものにしてほしい」と伝えただけで、自分では全体のイメージまでは考えていなかった。

「でも最終的にシェイ＝リーンにも加わっていただいてからは、自分自身が4回転アクセルを跳べなくて苦しかった、暗闇のような時期などの思い出がいろいろちらついてきて。それに加えて、見てくれる皆さんの気持ちや、歩んできた道のりみたいなものも思い出して、それが何か、暗闇の中に蛍の光のように広がっていきました。
最初のスピンのあとからは、そういうものを全部エネルギーにして、何かに向かって突き進んでいくというか。そして最後は、自分でも何なのかよくわからないような、意識が飛んでいるような感覚の中で何かをつかみ取るみたいな……。シェイ＝リーンがそんな物語をつけてくれたので。本当に新しいプログラムとして、自分自身もエキシビションプログラムのように感情を込めて滑ることができています」

スピンとステップはすべてレベル4。ステップは何か大きなものに翻弄されながらも、自分の意志を捨てることなく泳ぎ続けているような滑り。そしてスピンは入れたい要素を綿密に考えたうえ、後半の激しい曲調の中で微妙に変化する音のテンポに回転速度までピタリとシンクロさせている。一瞬たりとも気を抜くことなく、すべての滑りを表現につなげていこうという気迫もにじみ出てくるような演技。その得点は、熟成させ切った『バラード第1番』をシームレスに演じた2020年四大陸選手権で出した、自己最高得点に0・51点及ばないだけの111・31点という高得点だった。

演技の評価の高さは、演技構成点の49・03点という数字にも表れていた。その中でも「音楽の解釈」は9名中8名が満点の10・00を出して、得点も10・00点。また「パフォーマンス」も7名が10・00をつけて9・96点という結果に。シーズンイン前に「羽生結弦ならではのプログラムにしたい」と話していた言葉を証明するようなプログラムを見せ、全日本選手権6回目の優勝とその先の北京五輪へ向かって納得のスタートを切った。

ショートのあとで、羽生は自分の最近のジャンプの手ごたえに関してこのように話していた。

「4回転アクセルは軸の取り方が非常に難しいんです。アクセルジャンプの回転をかける動作や、軸を作る動作は、他のジャンプとはまったく違う軌道なので難しい。ただ、今は『アクセルでこのように跳びたい』というのが定まってきたからこそ、他のジャンプも『ここに入れることが正解なんだろうな』とか、逆に他のジャンプがきれいに跳べた時には、『ここに乗っているからいいんだ、じゃあアクセルもここに入れるんだな』という意識がだんだん重なってきて、徐々にうまくなってきたなと思います」

25日の公式練習ではその言葉の通り、4回転サルコウと4回転トウループには安定感を見せていた。

一方、時間をかけて挑んでいた4回転アクセルは少し苦労していた。曲かけは練習開始から15分後くらいだったが、冒頭の4回転アクセルは、両足着氷になって転倒するジャンプになった。その後も7回挑んだが、そのうち5回はパンクしてシングルになり、ほぼ回り切った2回は両足着氷が1回と片足が1回で、ともに転倒していた。

翌26日、フリー当日の公式練習で羽生の曲かけの順番は最後。それが終われば練習時間は2～3分しか残らない状況だったが、4回転アクセルにはなかなか挑まず、4回転トウループと4回転サルコウをきれいに跳んだあとはトリプルアクセルを何度も繰り返していた。

練習開始から25分ほど過ぎたところでやっと4回転アクセルに挑戦し始め、スピードを上げて入ったがシングルになると、次は2回転半で身体を開いて着氷。その後の曲かけでもシングルになっていた。

「今日の公式練習では自分の中で、回せることは期待しなくなっていて。とにかく本番が一番大事なので、『本番に合わせ切る！』と思って練習をしていました。ただ、あまりにも跳べなさすぎて若干失望もしたので、本番にいくまではかなり精神がグジャグジャになっていたんです。そういうところも含めてやっぱり、4回転アクセルはまだ自分自身が……。練習でも成功し切れていないジャンプを、本番で使用するというのは難しいんだなというのを改めて感じさせてもらいました」

そんな気持ちで臨んだ本番。直前の6分間練習の前から泣きそうになっていたと、羽生は明かす。

「リンクサイドに出てきて会場を見回した時に、お客さんたちがいるのを見て『あと何回、こういう光景を見られるんだろうな』と思い、今まで頑張ってきた中でのいろんなことを思い出していました」と苦笑する。

その6分間練習では、4回転トウループと4回転サルコウ、トリプルアクセルをきれいに決めたあと、4回転アクセルには3回挑戦し、最初は回転が抜けて2本目は転倒、3本目は両足で着氷した。予定のジャンプ構成は冒頭を4回転アクセルにした以外の6本は、前シーズンと同じ並びにしてきた。

会場のすべての視線を受け、さらにはテレビやインターネットを通して数多くの人たちにも見守られていた本番の演技。冒頭の4回転アクセルは、転倒はしなかったがダウングレードと判定されて、基礎点はトリプルアクセルと同じ8・00点に。そこから3・89点減点されるスタートになった。

だがそのミスに羽生は動揺することなく、その後は完璧な演技をした。他のジャンプへの信頼感は大きかったからだ。

次の4回転サルコウはきれいにコントロールされたジャンプで、4・30点の加点。そのあとのトリプルアクセル＋2回転トウループも＋3・31点。ショートでは悔しさも残った後半の4回転トウループ＋3回転トウループを＋3・12点にすると、その後の4回転トウループ＋1オイラー＋3回転サルコウと最後のトリプルアクセルは、ジャッジの評価が+4と+5が並ぶ出来にした。さらに、ステップとスピンはすべてレベル4で、自身の感情表現をそのままぶつけるように滑ったステップは、ジャッジ9名中8名が+5をつけ、コレオシークエンスは全員が+5をつける圧巻の滑りだった。

そしてフリーの演技構成点も、5項目すべてが9・61～9・79点で96・80点を獲得。ノーミスだった前年の得点には4・78点及ばない211・05点だったが、合計322・36点を獲得。3位の鍵山優真まで290点台に乗せるハイレベルな戦いの中、2位の宇野昌磨に26・54点差をつけて優勝を果たした。

「疲れましたね。やっぱり、昨シーズンやっていた4回転ループとは比べものにならないくらいの体力の消耗はありました。ただ、4回転アクセル込みの通し練習は、完全な通しではないですけど自分の中では6割程度の達成度で練習ができていたので、それで今日はなんとか持ったかなという印象です」

大きな注目を集めた4回転アクセルへの挑戦については「まぁ、頑張ったなという感じです」と苦笑しながらこう続けた。

「最初の公式練習のアクセルを見られた方たちは、『めちゃくちゃ上手になった』と思われたのではないかと思いますけど、あれができるようになったのは本当にここ2週間くらいなんです。それまではずっとぶっ飛ばして跳んでいて、軸が作れなくてもっと回転も足らなくて、何回も何回も身体を氷に打ちつけて……。毎回、頭を打って脳震盪で倒れて死んじゃうんじゃないかと思いながら、本当に死ににいくような気持ちでジャンプをずっとしていたんです。

それがやっとああいう風になり始めてきたけれど、それでも毎日できるわけではなくて……。だから皆さんの中では、『これは跳べるんじゃないか』みたいな感じで思っていただけた部分もあると思いますけど、正直、まだあそこまででけっこういっぱいいっぱいでした。

4回転アクセルの軸を作るのがどれほど大変かということと、軸を作り切る自信ができても、そこからまた100パーセントで回し切るということをやっていかないとダメなので。まぁ、試合の中であれだけできたということは、今の自分にとっては妥協できるところにいるんじゃないかなと思います。すごく悔しいですけど（笑）」

大会前に「腹を括った」と話した北京五輪。この優勝で代表に内定したが、そこへ向けての4回転アクセルへの挑戦について、これまでの経過をこのように振り返った。

「正直言って、棄権したNHK杯の前はこれよりももっと悪い出来でした。やっと立てるようになったのがちょうどそのころで、『ああ、立てたな』と思ったら、次の次の日あたりに捻挫をして……。それからストレスも溜まって食道炎になり、熱も出てみたいなことがいろいろあって、1か月間は何もできなかったんです。その時点で『もう挑戦をやめちゃおうかな』とも思ったんです。ここまで来られて形になったし、転けなくなったし。『これでやめてもいいんじゃないかな』と思ったんです。

正直言えば、焦っていましたね。早く跳ばなければ身体もどんどん衰えていくのもあるし、自分が設定していた期限よりも明らかに遅れていたので。自分の中では何か、『これだけやっていてもできないのに、やる必要があるのかな』って、諦めみたいな気持ちがだいぶ出ていたんです。それからすごく悩みに悩んで、苦しんで……。せっかくここまで来たのだからもうちょっとだけ、やっぱり降りたいと言っている自分がいるから、皆さんにめちゃくちゃ迷惑をかけるかもしれないけど頑張ろうと思いました。

それで全日本へ向けた最後の練習の時に、身体を締めて思い切りいった時に、〝q〟判定されるようなところで4発くらい転けて。その時にいろいろ考えた結果、『この全日本で（挑戦を）やめられないな』と思いました。せっかくここまで来られたのなら、皆さんが僕にかけてくれている夢でもあるから。自分のためというのはもちろんあるけど、皆さんのために叶えてあげたい、と思いました」

その後、北京五輪日本代表記者会見に臨んだ羽生は、「勝ちにいくつもりで腹を決めました」と、力強く言った。

「（やる限りは）もちろん1位を目指してやっていきたいと思います。ただ、自分の中ではこのままでは勝てないのはわかっています。4回転アクセルというものへのこだわりを捨てて勝ちにいくのであれば、他の選択肢もいろいろあるとは思います。ただ、自分がこの北京五輪を目指す覚悟を決めた背景には、やはり4回転アクセルを決めたいという思いが一番強くあるので、4回転アクセルをしっかりと成功させつつ、そのうえで優勝を目指して頑張っていきたいと思います」

全日本では冒頭の4回転アクセルでミスをしたが、それ以外の要素はすべて完璧に決められた。そこに自分の進化を認められたからこその、強い気持ちだった。

戦いを終えた翌日の12月27日。メダリスト・オン・アイス出演の前に臨んだ取材で、羽生はこのように決意を語った。

「昨日選考会が終わって代表に選んでもらい、日本代表のジャージをいただいて袖を通した時に、『あぁ、これが五輪だな』と思いました。自分は2連覇という肩書きをすでに持っていて、それを失うのは確かに怖いです。北京では負ける確率の方が今のところは、間違いなく平昌五輪より高いと思うし……。ただ、ユニフォームを着た時に、『これは勝ちにいくジャージだな、勝ちにいかなきゃいけないんだな』と、改めて思わせていただきました」

4回転アクセルについて「平昌五輪のあとは次のシーズンには降りられると思っていた」と、苦笑しながら話した。

「そのくらいアクセルには自信があったし、4回転アクセルというのがそんなに大変なものだという風には自覚していなかったんです。ただ、そのあとは怪我をするなど、いろいろなことがあって4回転アクセルの練習になかなか集中できない時期もあったし、集中してやればやるほど怪我が常につきまとってくるとか……。

それに集中してやればやるほど、4回転してからの半回転を回ることがどれほど大変かということを、改めて痛感した4年間だったのではなかったかなと思います。実際、まだ4回転半を回しにいってますけど、今のように軸を取れるようになったのも最近なので、本当に大変だったなと思っています」

だが、難しいからこそ羽生は「成功させたい」という思いをより強くした。そしてそれを言葉にすることで、自分自身の心の中の火を、より燃え上がらせようとした。

「僕自身ここまで競技をやってくる中で、『有言実行は絶対にやりたいな』と思ってきました。ある意味、自分の言葉が自分を縛る鎖になったり、プレッシャーになったりします。でもそれがあるからこそ、僕は『絶対にそれを達成したい』とずっと思って練習を続けられるのであって。諦めずにやれるのは、そういう言葉たちのおかげだと思っています。

ただ僕の場合、そういう言葉の効果は自分を勇気づけるというよりも、整理ができるという感じの方が近いですね。自分の考えていることだったり、自分が考えているプランだったり。または自分が今、どういう感覚でジャンプをしているかとか。そういう言葉を（口に）出すことで整理されていって、いい結果が出てくるという形です」

言葉にすることで自分自身を鼓舞してきた羽生。だがここ数シーズンは北京五輪への思いを問われると、「ソチ五輪や平昌五輪の時のような熱量はない」と答えてきた。その心境が北京五輪代表ジャージに袖を通してどう変わってきたのか。

「やっぱり悔しかったんですね。4回転アクセルが〝q〟がつくくらいのところまでいっているけど跳べなかったということが。何かそこで終わってしまうことへの怖さだったり、自分が跳ぶと言っていたことへの裏切りみたいになると思ってしまって。それが自分のやらなければいけないことかと言われたら、そこはわからないですけど……。どうしてもやらなければいけないことなのか、義務なのかどうなのかはわからないけれど、それをできると言ってくださる方々がいるんだったら、やっぱり僕は諦めずにやらなければ、皆さんへの裏切りになると思ったので。

全日本に行くにあたっては、『ここでやめられないな。北京五輪まで覚悟を持ってやるつもりでやらなきゃいけないな』と思いました。それに、五輪という場所は発表会なんかではなく、僕にとっては勝たなければいけない場所なので。五輪2連覇を絶対に過去だけのものにしたくないからこそ、決意を持って絶対に勝ちにいくんだと思いました。

そのためには、単純に言えば4回転アクセルをしっかり、GOEでプラスをつけられるようなジャンプにしなければいけないと思います。はっきり言ってネイサン選手に勝つためには、4回転ルッツとか4回転ループを入れる構成では現実的ではないと思う。これから1か月半しかない状況でやれるのはたぶん4回転アクセルくらいだろうから、しっかり練習したいと思っています。

あとはショートに関しても、今回よかったのは4回転サルコウくらいで、完璧なところまでは行ってなかったので。それをやることが、どこまで点数につながるかはわからないけど、自分が思う完璧を目指して詰めて、詰めて、練習をしていきたいなと思います」

そう言い切る裏付けになっているのは、いまだに自分が成長しているという手ごたえを持っているからだ。ソチ五輪のあとも20代の身体になる自分の成長を楽しみにしていたが、その成長が止まった時にどうするかということも重要になる、と話していた。

「確かに24〜25歳くらいの時には、『成長が止まっているな』と思った時期がありました。練習でも『フリーの通し練習ができなくなったな』と感じることがけっこうあって。でも27歳になった今が、一番うまくなっているのは間違いないと思います。それはトレーニング方法を自分で確立できるようになって、自分でプランニングできるようになったからで。羽生結弦にとってのフィギュアスケートのトレーニングはどういうものか、というのを確立できたのが一番大きいと思います。

ただ、精神面を考えれば、『誰よりもうまい。誰よりも練習していると思う自分が一番強い』と思い込んでいた9歳のころの自分が、一番強いと思います。でも技術的には今が一番強いから、北京五輪へ向けては、精神的に一番強くて輝いていたあのころの自分を大切にしていきたいと思います」

メダリスト・オン・アイスでは、昨季のショートプログラムの『Let Me Entertain You』を、「冒頭に入れようと思っていた」という4回転トウループを入れて滑った。

「今シーズンのプログラムは自分が表現したいことを突き詰める構成を選択しているけど、このプログラムは皆さんに楽しんでもらいたいと思って選びました」

激しく舞い続けながら、観客とともに会場の空気を盛り上げようとするステップシークエンス。キレとスピードのある滑りは、北京に戦いにいく〝攻め〟の気持ちを、氷上でそのまま見せつけるものだった。

2021年全日本選手権
SP『序奏とロンド・カプリチオーソ』

Keiko Asakura

2021年全日本選手権FS『天と地と』

Keiko Asakura

2021年メダリスト・オン・アイス
『Let Me Entertain You』

Keiko Asakura

Scene 6

プライドとともに

2022年 北京オリンピック

羽生にとっては3回目の五輪となる、2022年2月4日からの北京大会。開会式当日の午前からは団体戦が行われ、日本は3位（暫定）で初のメダル獲得の快挙を果たした。

羽生が北京入りしたのは団体戦の女子ショートと男子フリーが行われた6日。個人戦男子ショートの2日前だった。

2021年7月23日から開催された東京五輪と同じように一般客へのチケットは販売せず、各会場の観客席に招待者を少しだけ入れる大会。選手や関係者は東京五輪と同じように行動はクローズドループ内に限定されるが、メディアやボランティアなどの関係者も完全にクローズドループ内以外は行動できない、東京大会より厳しい制約のある大会になった。そんな中で羽生は、時差が1時間という地の利も活かし、現地入りをギリギリまで延ばして国内で調整するという形を選択したのだ。

フィギュアスケートの会場となった首都体育館には、バスで敷地内に出入りする羽生を見るために、入り口付近には多くのファンが待ち構えている状態。さらに各国のメディアも注目し、サブリンクで行われた7日午後の初の公式練習では、100人ほどのメディア関係者が結集。会場が狭く、密を避けるためにメディアの入場数も制限される中、現地中国メディアも多く集まり、日本メディアの中には会場に入れない人も出るほどだった。

軽く身体を慣らしたあとに3回転フリップから跳び始めた羽生は、途中にアクセルの入りから氷上をクルクル回って軸を確かめ、2回転や3回転のループを跳ぶ練習を中に入れながら、3回転ルッツ+1オイラー+3回転サルコウや4回転トウループ、4回転サルコウと、軽い感触で跳んでいた。そして開始20分過ぎには一度アクセルの入りを確認したあとに3回転サルコウを連続して跳ぶと、続けて短い助走から4回転アクセルに挑戦して両足着氷で降りた。

一度入りかけて止めたあとに跳んだ4回転アクセルは、わずかな回転不足ながら片足で着氷。その後も跳び上がらずに氷上でクルクル回って身体の締め方を確認して頷くと、今度は思い切り回転をかけるジャンプを跳んだが、両足着氷で両手をついた。さらにパンクと途中で身体を開いて2回転で降りたあとはフリーの曲かけに。最初の4回転アクセルでは転倒し、少し間を空けて跳んだ4回転サルコウも着氷を乱したが、その後は後半の4回転トウループからの連続ジャンプと3連続ジャンプもしっかり決め、多くのメディアからも拍手が起こる滑りだった。

そして残り5分となった段階でもう一度アクセルの入りと軸を数回確認すると、ラスト1分になってからスピードを上げた助走で4回転アクセルを跳び、両足着氷で転倒。さらにもう一回行ってパンクで終わると、練習時間終了のアナウンスがあった。

控え室に戻る途中のミックスゾーンで立ち止まった羽生は「最初の方は緊張感もあったし、氷の感触などの調整もあったけど、最終的には集中しながら練習できたので、いい感覚だったと思います」と話し出した。

「4回転アクセルの練習はかなりやってきましたが、まだ成功はしていないので『やっぱり難しいな』と思ってやっています。でもどうしても達成したいし、目標でもあるし……。あとは自分自身がこの五輪で上にいくためには、絶対に必要だと思っているので。とりあえず今日の感触としては、かなり浮きもいいですし、回転のかけ方もわりとやりやすいなと思いながらやっていたので。まずは、回転し切りたいですね」

試合会場となるメインリンクでの練習はまだやっておらず、氷の感覚はわからない状態だ。

そこは羽生もしっかり意識し、「もちろん、毎日身体や氷のコンディションは変わっていくと思いますし」と言いながらこう続けた。

「ここに来て1回目の練習だということもあって、まだ思い切りやっていないという感じはあるので、ここでも少しずつ成長できるようにしなければいけないと思います。過去2回の五輪は自分が練習してきたこととか、今までしっかり降りられていたジャンプとか、そういうものを出し切れば勝てるみたいな感じでやっていました。でも今回は、『成長しなくてはいけない』というところがある状態での試合なので。ある意味、全日本もそうでしたが、五輪という舞台の緊張感も特別感を感じながらやっていきます」

前回の平昌五輪は、怪我もあって「万全ではない状態」という緊張感があった。だが今回はここへ向けてしっかり練習はできた状況。4回転アクセルという大きな壁はあるものの、淡々と挑もうとする、冷静な表情を見せた初練習だった。

翌8日午前9時15分からのショートは、第4グループ3番滑走。その直後に宇野昌磨がいて、次の第5グループ3番滑走と4番滑走には鍵山優真とネイサン・チェンという有力選手が続く滑走順。初めてメインリンクを滑る朝7時50分からの公式練習で、羽生の曲かけの順番は3番目だった。

その練習は前日と同じような、〝淡々と〟と言えるものだった。ステップを少し滑ると3回転ループと3回転フリップで身体を慣らし、それぞれのジャンプを確かめるように入りから氷上をクルクル滑る動作を繰り返す。カウンターからのトリプルアクセルを跳ぶと早速4回転アクセルに挑んで片手をつく着氷。その後も一度パンクしたあとに4回転アクセルに挑んで両足着氷。気合いを入れる様子もない、普通のルーティーンとも言えるような挑戦だった。

さらにショートの曲かけでは、まるで3回転を跳んでいるような力みのなさで4回転サルコウを跳ぶと、その後の4回転トウループ＋3回転トウループとトリプルアクセルを不安のかけらもなく決めていた。

そして演技直前の6分間練習も、最初のトリプルアクセルがステップアウトの着氷になったが、セカンドジャンプで両手を上げた4回転トウループ＋3回転トウループや4回転サルコウをきれいに決め、不安はまったく見えない内容だった。

だが、本番は予想外の結果が待っていた。

6分間練習では2本をきれいに決めていた4回転サルコウ。2本目はイーグルを入れた助走からしっかり決めて次の連続ジャンプの入りまで滑りを確認し、最後にもう一度入りを確認していた冒頭の4回転ジャンプが、踏み切る瞬間に氷をとらえられず、まさかの1回転に止まったのだ。

見ている者の誰もが、「まさか！」と思うような滑り出しになった。

「2019年の世界選手権のショートで（4回転サルコウを）氷の穴にはまってミスをした時は、あまりにも……それこそミリ単位で滑りをコントロールできていたので、6分間練習の時に跳んだ自分のトレースに本番ではまってしまったんです。今回はその経験もあったから、6分間練習では少しコースをずらして跳んでいました。それで本番は完璧なフォームで、完璧なタイミングで行ったけど、何か跳んだ瞬間に穴にはまっていて。誰かのトウジャンプでついた時の穴だったので、もうしょうがなかったですよね」

だが羽生はそこからも、心の揺れなどまったくないような滑りをした。「何よりも自分の感覚の中ではミスではないので、そのまま気持ちを途切らせることもなく、プログラムとして成り立っていたように自分の中では思います」という演技。次の4回転トウループ＋3回転トウループは、練習通りの細い軸のジャンプで4・07点の加点。後半のトリプルアクセルも2・63点の加点で、スピンとステップはすべてレベル4。特に終盤のステップとコンビネーションスピンはジャッジ全員がGOE+4～+5を並べるほどの高い評価だった。

ただ、演技構成点は9・25～9・54点と少し抑えられて47・08点。最初のサルコウが0点になったため、得点は95・15点に止まった。

「全体を見た時、一つのかけらがちょっと崩れただけで、どこか完成されていないように見えてくると思うので、そこはしょうがないかなと思います。それでも95点を出していただけたのはすごくありがたいですし、それだけ他の要素のクオリティを高くできたというのは、自分を褒めてあげたいなと思います。でも正直、『何か悪いことをしたから（その報いで）こうなってしまったのかなぁ』という感じで……。なんというか、そういうことしか考えられないようなミスでした」

自分の心の中でも、「これが最後になるだろう」とも感じていた五輪の舞台。そこで勝負しようという強い気持ちはもちろんあったし、準備もできていた。

「いつもと違う空気感もありましたし、すごくいい集中状態で何一つ綻びもない状態でした。自分のスケートの方でのミスはまったくなかったので、『すごく氷に嫌われちゃったな。なんでだろう?』と思いながら滑っていました」

力を出し切れなかったと言える演技。滑り終わった時点ではエフゲニー・セメネンコ（ROC）に次ぐ2位だったが、すぐあとの宇野は105・90点を出した。そして第5グループでは鍵山が108・12点を獲得し、チェンは後半に4回転ルッツ＋3回転トウループを入れる高難度の構成で113・97点と力を出し切る演技をしてきた。

ショートで羽生は8位発進。五輪3連覇は厳しくなったが、メダル獲得の可能性はまだ高いと言える状況だった。そこへ向けての意欲も見せた。

「早朝の公式練習も6分間練習もすごくよかったし、体力もすごくいい感覚で残っています。フリーへ向けてのコンディションもまだしっかり整った状態でいられるので。今回のミスは自分ではどうしようもないところだったので、フリーへ向けては一生懸命やりたいなと思います。

もちろん4回転アクセルはやります。自分にとっては難しいジャンプだけど、やる気持ちはまだしっかり持っています。『天と地と』では氷に引っかからないように、一日一善ではなく一日十善くらいしなきゃいけないかなと思っていますけど（笑）。まあそれくらいに練習としてはしっかり積めてきていて、演技に関してはすごく自信がある状態で来られていると思うので、あとはもう『神のみぞ知る』というか……。とにかくまだ時間があるので、このショートを終えたあとの時間を有効に活用しながら、本当に皆さんの思いを受け取りつつ、完成されたものにしたいなと思っています」

自分自身の心を奮い立たせるように、力強い口調で話した。

だが、過去2大会で微笑んでくれていた〝五輪の神〟は、北京では微笑んでくれなかった。競技中日だった9日、午前11時からの公式練習でアクシデントは起きた。

リンクに上がってから1分後には3回転ループを跳んだ羽生は、そのすぐあとに3回転フリップを跳ぶと、4回転トウループ＋1オイラー＋3回転サルコウから、次のトリプルアクセルにつなげる、プログラム終盤の2本のジャンプを跳んだ。さらに余裕を持って4回転サルコウを跳んで4回転ループも跳ぶ意欲的な姿勢を見せた。

開始6分過ぎからはトリプルアクセルを跳び始めると、トリプルアクセル＋3回転ループを2回続けて着氷。そして曲かけになると最初の4回転アクセルは両足着氷になったが、4回転サルコウのあとはトリプルアクセル＋3回転ループを跳んで3回転フリップにつなげる構成。ステップシークエンスを滑って少し間を取ったあとには4回転トウループ＋3回転トウループをきれいに決め、次の4回転トウループが2回転になると、最後のトリプルアクセルに1オイラー＋3回転サルコウをつけるリカバリーをして曲かけを終えた。

全日本では公式練習で何本か跳びながらも、本番には入れていなかったアクセル＋ループの連続ジャンプ。それに加えて4本目のジャンプを3回転ループから3回転フリップにしたことで、2本合わせた基礎点が以前より4点増える構成になった。4回転アクセルへの挑戦に止まらない、優勝へ向ける執念を見せるような曲かけの滑りだった。

そして、曲かけでミスをした4回転トウループ＋1オイラー＋3回転サルコウをもう一度跳んで確認し、4回転アクセルの練習に入った時に、それは起きた。

トリプルアクセルを入れながらの挑戦で3回パンクを繰り返した次のジャンプ。これまでより回転をした感じで着氷したが、「ガキッ」と一瞬止まったような感じになった。表情を曇らせて右足首を気にするそぶりを見せた羽生は、手袋を外して一度靴紐を結び直して練習を再開した。その後の10分間の練習は3回転ループから跳び始め、トウループは一度2回転になってそのあとに4回転。サルコウも2回転になって苦笑し、再度4回転を跳んだが尻餅をつきそうな着氷になり、最後にトリプルアクセルを跳んで練習を終えた。あとで明かしたが、この時、4回転アクセルの着氷で右足首を捻挫していたのだ。

翌10日早朝の公式練習でも羽生は、痛みがある様子を見せていた。シングルアクセルで入りの確認を4回したあとにはトリプルアクセルを2回跳び、氷上で回転してトウループの軸を確認して4回転トウループ＋1オイラー＋3回転サルコウを跳ぶと、今度はサルコウの軸を確認してから4回転サルコウを跳び、トリプルアクセル＋2回転トウループから3回転フリップにつなげる。さらに4回転トウループ＋3回転トウループとトリプルアクセルまで跳んだが、その後は滑るコースやジャンプの位置などを確認するだけで、自分の曲かけが始まる前に観客席に挨拶をしてリンクから上がった。練習開始から20分ほど過ぎた時だった。

リンクサイドで撮影していたカメラマンは、「4回転＋3回転の時は、『痛い！』と口に出して跳んでいた」と話すような状態。メディアの間には、「棄権もあり得るのでは」という憶測も飛ぶほどだった。

そんな苦境の中でも、羽生は諦めずにリンクに立った。

6分間練習では4回転トウループからの3連続ジャンプを跳ぶと、4回転サルコウ、3回転フリップ、トリプルアクセルを跳んで4回転アクセルにも2回挑戦。ともに転倒だったが、

2本目は片足で着氷しようとしていた。

「正直、右足の状態を詳しく話すかどうかはすごく悩んでいます。勝ったなら言ってもいいかなと思っていたけど……。どう説明したらいいかわからないですが、かなりいろいろ手を加えていただきました。だからこそなんとか、氷の上に立てたという感じです」

演技終了後のコメントで怪我に関してこのように言葉を濁した羽生は、精神的にも肉体的にも追い詰められた状態で試合に臨んだ気持ちを、こう明かした。

「『絶対にアクセルを降りる！』と思っていました。『絶対に回り切るんだ』と思っていました。それをするために北京五輪に来たのだから、自分のスケートを絶対に出し切ると……」


フリー本番。リンクに上がってから名前をコールされる間に4回転トウループとトリプルアクセルを跳んだ。『絶対に降りる！』という強い意志を、羽生は本番最初の4回転アクセルで存分に見せた。それはこれまで見せていたどのジャンプよりも明らかに回転速度は速く、鋭さと気合いも入ったもの。アンダーローテーション（2分の1回転未満の回転不足）という判定で転倒したがしっかり片足で着氷し、あとほんの少しで4分の1回転不足と判定されるqマークがつけられるジャンプになりそうなほどだった。

「手ごたえはすごくよかったですね。『あっ、これが4回転アクセルの回転速度なんだ』と思いました。ただ、あの状態からランディングを作るにはちょっと危険すぎるかもしれないんですけど、人間にはできないかもしれないけど……。でも僕なりの4回転アクセルはできたかなと、ある意味で思いました」

右足首のダメージは、その着氷の衝撃でより大きくなった。次の4回転サルコウはこれまで長く付き合い、自分の身体の一部になっていると言えるジャンプで踏み切りに狂いはなかった。だが4分の1回転不足と判定され、着氷で足を踏ん張れず崩れるように転倒してしまった。ショートを終えた時点で3位の宇野との得点差は10・75点だったが、この2つの転倒でメダル争いに食い込む確率は極めて低くなってしまった。

しかし、そこからは強い気持ちで、〝羽生結弦の真骨頂〟とも言えるようなスケートを見せた。次に予定していたトリプルアクセル＋3回転ループは封印して全日本と同じトリプルアクセル＋2回転トウループに、そこからつなぐジャンプは3回転フリップにした。そしてコンビネーションスピンのあとのステップはレベル4でGOEはジャッジ全員が+4～+5を出す滑りを見せ、後半の4回転トウループからの連続ジャンプと3連続ジャンプ、そして最後のトリプルアクセルも確実に決めた。さらにコレオシークエンスもジャッジ全員がGOE+4～+5を並べる滑りにすると、最後はコンビネーションスピンで締めくくる。天に向かって両手を差し上げ演技を終えると、そのままの姿で約6秒間静止した。

「あのポーズには実は、『天と地と』の天の意味もあるし、ある意味自分の魂を天に送るみたいなイメージが僕の中にはあるんです。9歳の時に滑っていた『ロシアより愛を込めて』というプログラムの最後のポーズと同じなんですが、何かそれを、あの時の自分と重ね合わせながら……。一言で言うのは難しいけど、いろんな気持ちが渦巻いているという感じでいました。そしてあのポーズを終えて、最後に刀を腰に収めるまでが、自分のプログラムのストーリーだったかなと思っています」

腰をかがめて氷に顔を近づけた羽生は、氷に向かって「本当にありがとうございました」と言えたという。

「正直ショートであんなことになってしまって。もちろん悔しかったし、いろんな経験を積み上げて正しい努力もしてきたと思うし、自分が考え得るすべてをやってきたつもりだったので。『それでも報われないのか』と思いながら今日までやってきたけれど、最終的には何か、光が当たったなとも思えたので」

「これまでの2回の五輪と比べてみると一言では言えないですが……ソチはソチで悔しい中

で勝ったことで、ある意味成長できたところだったと思います。そして平昌は、その成長したものを全部出し切れた大会でした。今回の五輪はどうだったかということは、もう少し時間をかけると出てくるものもあるかもしれませんが、今思うのは、挑戦し切った、自分のプライドを詰め込んだ五輪だったなと思います」

大きく減点された4回転アクセルと4回転サルコウ以外は、すべて加点をもらうジャンプにした。演技構成点は2回の転倒があったことで抑えられ、「パフォーマンス」と「音楽の解釈」は8点台と伸びず、他の3項目も9点台前半に抑えられて90・44点。フリーの得点は188・06点で、合計は283・21点に止まった。

だがその得点は、最終第4グループの滑走者が残り3人になるまで暫定1位の座を保持した。それをショート3位の宇野が、フリーの得点は羽生に届かない187・10点ながらも合計を293・00点にして上回ると、次の鍵山は310・05点に。そして最後のチェンは後半の3連続ジャンプの僅かなミスだけに止める滑りで、332・60点で優勝を決めた。羽生のフリーの得点は3位だったが総合では4位となり、初めてメダルを逃す五輪になった。

10日のフリーの演技を終えたあとも北京に残っていた羽生は、2月14日にメイン・メディアセンターにある、最も広い会見場で開かれた単独の記者会見に臨んだ。海外も含め、数多くのメディアからの取材依頼に応えるためのもので、会場は満員の記者で埋まり、その模様は日本のテレビでも生中継された。

大会最終日の20日に行われるエキシビションへの出演が決まった羽生は、この日久しぶりに練習を再開したばかりだった。ステージに上がった羽生は最初に挨拶でお礼を述べ、会見を開いた理由を説明するとこう続けた。

「今回は質問が来ないかもしれないと思って先に言わせていただきますが、金メダルを獲ったネイサン選手は本当に素晴らしい演技だったと思います。やっぱり五輪の金メダルというのは本当にすごいことなので。僕もその金メダルを目指して頑張りましたし、ネイサン選手もそのためにたくさんの努力をしたと思います。特に彼には、4年前の悔しさもあった。それを克服した今回の金メダルは、本当に素晴らしいことだと思います。

そしてこの大会に関係している方々、ボランティアの方々、そして今回氷を作ってくださった方々にも感謝をしています。僕はショートの時に氷に引っかかってしまって……ちょっと不運なミスだなというか、悔しかった部分ももちろんあります。けれど、本当に滑りやすくて跳びやすくて、気持ちのいいリンクでした。この場を借りて感謝したいと思います」

右足首はまだ歩くのでさえ痛い状態だった。かなり強い痛み止めを許容量以上に飲んでいる状態ながらも「ここで滑りたい」と思ってこの日から練習を再開した。試合を終えてからの3日間、いろいろ考えてたどりついたのは、最大限の努力をして治療をしてくれた人たちや、様々なサポートをしてくれた人たちへの感謝の思いだ。そしてこの日公式練習で滑った理由をこう話した。

「正直、本当は滑ってはいけないといわれている期間でしたが、どうしても滑りたいなと思って滑らせていただきましたし、これからも練習はすると思います。僕も、スケートのことを本当に嫌いになることはたくさんあります。『フィギュアスケートって何だろう？』とよく思いますし、僕自身が目指しているものがフィギュアスケートなのかということもいろいろ考えます。ただ、今日滑って、今まで習ってきたこととか、小さいころにやっていたこととか、スケーティングに関していろいろやってみて、『うまくなったな』と思ったり……。それがすごく楽しかったし、それを見ていただくのが本当に気持ちよくて、『僕はフィギュアスケートが好きなんだな』と改めて思った今日の練習でした。

ここから練習していくにあたって、またいろいろな感情が湧いてくるかもしれないし。今日は『ジャンプを跳びたいな』と思いながら練習をしていましたが、でもフィギュアスケート自体を、自分がスケート靴から感じる氷の感触などを、大事にして滑りたいなと今は思っています」


フリーの演技後、今後の4回転アクセルへの挑戦を問われた時、羽生は「もうちょっと時間をください。考えたいです。それくらいに今日は、やり切りました」と答えた。それを再び問われると、公式練習での右足首捻挫からの状況も含めてこう説明した。

「今後をどうするかは、自分の中ではまだまとまっていないですね。ただ、フリーのあともそうだったんですが、今言えることとして……これが正しいのかわからないし、何か言い訳くさくなってそれに対していろいろ言われるのも嫌だったし。平昌の時もそうだったけど、怪我について何か言ったら絶対に何かしら言われそうだなという怖い気持ちももちろんあります。

でも、これが事実なので言いますが、フリー前日の公式練習の4回転アクセルは自分の中でも一番身体を締めて、片足で降りにいって、そこで捻挫をしました。その捻挫の程度も思ったよりひどくて、普通の試合だったら完全に棄権していただろうなと思います。今も本当は安静にしていなくてはいけない期間で、ドクターからは『10日間は絶対に安静にしていてくれ』と言われているくらい悪い状態です。

フリー当日の公式練習はあまりにも痛かったので『どうしようかな?』と思っていましたが、そのあと、6分間練習の10分ほど前に痛み止めの注射を打ってもらい、出場することを決めました。その注射で痛みを消してもらった感覚だったり、自分自身が怪我をして追い込まれている状態、ミスをしたショートプログラムの悔しさだったり、いろいろな思いが渦巻いた結果としてアドレナリンがすごく出てきて、自分でも最高の4回転アクセルができたと思っています」

そんな極限の状態で4回転アクセルに挑んだ五輪。不運や怪我というアクシデントもある中で戦い抜いた結果は4位だった。その演技自体が結果として、勝敗としてよかったかと問われれば、「ベストのものではなかった」としか言えないと羽生は言う。だが、「それでも演技が終わった時に、『残念だったな』という雰囲気には包まれなかった」とも話した。そして「すごく大きな拍手をいただいたので、それに感謝したいなと思ったのと、あとは、実際には僕の目には見えていないのですが、きっとこのカメラの向こうでたくさんの方々が応援してくださっていて。地元の仙台や、震災の被災地の方も含めて、日本だけではなくていろんな国の方々が見てくださっているのが五輪なので、その方々に感謝をしたいなと思いました」と言葉をつなげた。

羽生は会見で、改めて北京五輪での自身の演技について振り返った。

「まずショートはすごく満足しています。ショートプログラムというのは、最初のジャンプをミスしてしまったり何かしらのトラブルがあったりすると、氷に嫌われてしまうというような感じでガタッと崩れてしまったりするものです。実際、転倒だったりミスにつながらなかったとしても、（氷の溝にはまって）ガクッとなることはたまにあることなんです。でも今回はその中でも、ミスしたあとは崩れずにちゃんと自分の世界観を大切にして、自分が表現したいこと（ができて）、いいジャンプを跳べたということ。そういう点ですごく満足したショートプログラムでした。

そしてフリープログラムは2本目の4回転サルコウでミスをしてしまったのは本当に悔しいし、できれば4回転アクセルも降りたかったと、正直なところでは思います。でも何か、上杉謙信公というか、自分が目指していた『天と地と』という物語というか、自分の生き様というか……それにふさわしい演技だったのではないかなと思います。

ただ、冷静に考えたとしても、得点はどうやっても伸びない演技だったのは確かです。今は『シリアスエラー』（転倒や中断などのミスがあった場合、演技構成点の上限が設定される）というものが存在していて、そのルールにのっとると2回転倒しているのでPCS（演技構成点）は出ない。どんなに表現がうまくても、どんなに世界観を表現していたと思っても、それが達成できたと自分の中で思っても、点数が上がらないのはわかっているので。冷静に考えたら悔しいことではあるかもしれないですけど、僕はあの演技を、プログラムとして満足しています」

さらに、自分が今回跳んだ4回転アクセルの満足度と、これからのモチベーションについても触れた。

「正直な話、今まで4回転アクセルを跳びたいとずっと言って目指していた理由は、僕の心の中に9歳の時の自分がいて、そいつが『跳べ！』とずっと言っていたからで。それでずっと、『お前下手くそだな』って言われながら練習をしていました。でも、今回の4回転アクセルはそいつに褒めてもらえた気がしたんです。何か、あの時の自分と一緒に跳べたというか……。

ほとんどの人は気づかないと思いますけど、実はあのアクセルは9歳の時と同じフォームなんです。ちょっと身体が大きくなっただけで。だから一緒に跳んだんですよね。それがすごく自分らしいなと思ったし、何より4回転アクセルをずっと探していく中で最終的に、技術的にたどりついたのが、あのころのアクセルだったんです。

ずっと4回転アクセルという壁を上りたいと思っていて、いろんな方向から手を差し伸べてもらって、いろんなきっかけを作ってもらって上がって来られたと思っているんですけど、最後に壁の上で手を伸ばしてくれていたのは、9歳の俺自身だったなと思って……。最後の最後にそいつの手を取って、一緒に上がったという感触があるので。

そういった意味では『羽生結弦としてのアクセルはやっぱりこれだったんだ』っていう感じになっていて、納得できているんです。だからモチベーションとしてこれからどうなるかというのは、ちょっとわからないですね。まだあのジャンプを跳んでから4日しか経っていないのでわからないですけど、正直な今の気持ちとしては、あれがアンダーローテーションだったとしても、転倒だったとしても、いつか見返した時に、『羽生結弦のアクセルって軸が細いし、ジャンプが高くて……やっぱりきれいだね』と思える、誇れるアクセルだったと思っています」

2大会連続の五輪王者として実績を守るのではなく、改めて挑戦者として挑んだ五輪。その勇気を持った挑戦を、終わった今、どうとらえているのか。「挑戦する」ということの意味を問われると、「僕だけが特別だとは思っていないですね」と言って微笑んだ。

「別に五輪王者だからということではなくて、人はみんな生活の中でも何かしらの挑戦をしているんだと思います。それが大きいことだったり、目に見えないことだったり、報道されることだったり、されないことだったり……。それだけの違いだと僕は思っています。それが『生きる』ということだと僕は思いますし。『守る』ことだって挑戦だと思うんですね。守るということも本当に難しいことだと思うし、大変なことだと思います。例えば家族を守ることだって大変なことだと思うし、そこには何かしらの犠牲や時間が必要だと思います。だから人間にとって、何一つ挑戦ではないということは存在しないのではないかと思います。

それが僕にとっては4回転アクセルだったり、この五輪というものにつながっていたり。ただそれだけだったかなと。だから僕も挑戦することを大事にしてここまで来ましたが、それを見てくださった皆さんも、何かちょっとでもいいから『自分も挑戦していたんだな』と思ってもらって……。『羽生結弦はこんなに褒めてもらえるけど、自分のやっていたことも実は褒められることなのかもしれないな』って、自分のことを認められるきっかけになってもらえたら嬉しいなと思っています」

そんな羽生結弦にとって、「ゴール」はどこになるのか。そんな問いが出るとこう答えた。

「(完璧な)4回転アクセルを降りていないという気持ちはもちろん少なからずあって、それとともに自分のプログラムを完成させたいなという気持ちもあります。ただ、さっきも言ったように『自分の4回転アクセルは完成したんじゃないかな』と思っている自分もいるので。

これから先フィギュアスケートをやっていくとして、どういう演技を目指したいかとか、どういう風に皆さんに見ていただきたいかとか、いろんなことを今は考えています。僕が次の大会へ向けてどこまでやるかというのも、まだちゃんと把握できていない自分もいますし、正直言って混乱しています。でもこれからも羽生結弦として、羽生結弦が大好きなフィギュアスケートを極めていけたらいいなと思っています」

この会見で「この五輪が最後の五輪か」という質問が出ると、羽生は「へへへっ」と笑って「ちょっとわからないですね」と答えた。五輪という舞台に立ち、「やっぱり五輪は特別だな」と思ったと。「怪我をしても立ちたかった挑戦すべき舞台は、フィギュアスケーターとして他にはないからすごく幸せな気持ちになれたので、また滑ってみたいなという気持ちはもちろんあります」と笑顔で言った。

さらに大会期間中に2万件にも及ぶメッセージや手紙などを受け取ったことにも触れ、「今回は本当にいろんな方々から歓迎されていることをすごく感じていて、その中で演技をすることは本当に幸せだなと思って滑りました。本当にこんなスケーターはそんなにはいないなと思いましたし、『羽生結弦でよかったな』と思いました。五輪3連覇を狙った重圧からは解放されたかもしれないですけど、僕はやっぱり五輪を2連覇した人間だから、その誇りを持って、これからも胸を張っていられるように過ごしていきたいと思います」と、今後への思いも語った。

ショートでは思わぬミスをして出遅れ、フリーでは冒頭の4回転アクセルに続いて4回転サルコウも転倒するという想定外の滑り出しになった2つのプログラム。ともにミスのあとは崩れることなく、自分の演じたい世界を表現し切ったという満足感は大きかった。そして平昌五輪のあとから挑戦し続けてきた4回転アクセルも、未完とはなったが、「今の羽生結弦が表現できる最高のジャンプ」と納得するものにできた。

小学生時代に好きになって憧れを持っていた上杉謙信。義を重んじながら夢を追いかけて戦い続け、夢半ばで亡くなった謙信公の美学を自分の戦いとして表現しようとする気持ちを込めて、4回転アクセルを実現するためのプログラムにした。その思いを心の中で熱く燃やしながら挑戦し切れた満足感が、北京五輪の戦いを終えた羽生の心の中には「大きなもの」として残った。

記者会見から6日後の20日。夜に行われる閉会式を前にして、昼の12時から行われたエキシビションで羽生は、後半の第2部5番目の演技者として『春よ、来い』を披露した。

「ショートとフリーは全力を出し切ったと思うし、競技としてやり切ったなと思います。4回転アクセルも含めてすべてやり切ったなと……。そして今日は今日で、ものすごく緊張しましたけど、すべての思いを、すべての幸せを演技に込めて、何か、自分のスケート人生のいろんなものを込めて『春よ、来い』を表現できたのではないかと、自分の中では思っています」

こう話す羽生は14日から練習を再開していたが、右足首の状態は悪かった。「練習では、普通は1錠が適切と言われている痛み止めを4錠くらい飲んでいました。それで右足首を強く使うループやフリップ、ルッツをやらなければ、ランディングではなんとか耐えられるかなと思いながら。あとは楽しさとアドレナリンでなんとかやっていました」という状況だった。

それでも4回転トウループ＋3回転トウループやトリプルアクセルは軽々と跳び、リラックスした雰囲気も見せていた。さらに18日の練習では自分で曲をかけ、『ホワイト・レジェンド』や『Hope & Legacy』『ロミオとジュリエット』『バラード第1番』『SEIMEI』など、以前のプログラム9曲を滑るシーンもあった。


「実は先シーズン、『天と地と』ができる前の間に体力トレーニングとして、今までノーミスができなかったプログラムを全部ノーミスで滑るということをやっていたんです。その中には『オペラ座の怪人』だったり、『ノートルダム・ド・パリ』だったり、後半に4回転トウループを入れて一番最初にトリプルアクセルを跳んだ構成の『バラード第1番』などもあって。そういういろんなプログラムをやったことで何か、自分の中ではある意味消化したというか、落とし物をちゃんと回収して次へ進めるなと思いました。

ただ、『それは自己満足にしかすぎないのかな？』と考えることもあって……。それで今回、せっかく人に見ていただける機会であるのなら、その場で僕が表現したかったというか、僕が見せたかったそのプログラムたちのいいところを見せたいなと思い、この（北京五輪の）リンクに残していきたいなと思って滑りました。だからこそ、何か幸せでしたね。

『やっぱり僕は、誰かに見てもらいながら滑るのが本当に好きなんだな』って思って……。それが僕のフィギュアスケートの原点なんですけど、改めて立ち返ったと思いました」

右足首の怪我がひどい状態でもエキシビション出演を決めたのは、五輪というのが特別な場であり、そこで声援を送ってくれ、自分の演技に感動したと言ってくれた人たちに、感謝の演技を見せたいと思ったからだ。戦いを終え、肩の荷をすべて下ろしてスケートを心の底から楽しめているからこそ、その姿をより多くの人たちに見てもらいたいと思った。

そんな思いを込めて披露した『春よ、来い』。ピアノの音色を一つ一つ感じながらの滑り。キレのあるトリプルアクセルを跳ぶと、メリハリのある動きでスピンやステップをこなし、大きなシングルアクセルも跳ぶ。終盤、ハイドロブレーディングをしながら拾い集めた氷片を宙に巻く姿は、北京に春の到来を告げるように祝祭感に満ちていた。

フィナーレでは大会マスコット「ビンドゥンドゥン」に駆け寄って助け起こしたり、中国の選手たちとパフォーマンスを見せて観客を沸かせた羽生は、最後に観客席へ向かって大きな声で「ありがとうございました！」と叫び、リンクをあとにした。

演技後のミックスゾーンで羽生は、次の試合予定になっている3月23日からの世界選手権出場についてこう話した。

「今朝オープニングとフィナーレの練習があってから自分の練習をした時に、痛み止めを1錠しか飲んでなかったのでどれくらいできるか試してみたんです。そうしたらめちゃくちゃ痛くてループもフリップも跳べず、『あっ、これはダメだ』と思ってアクセルしかできなかったんです。それでそのあとに痛み止めを追加して、今日は合計で6錠くらい飲んでしまっています。そういう状態なので、このあとちょっと足首を休ませてあげようかなと思っていて。

ただ、普通だったら足首だけで済む問題かもしれないけど、やっぱりここまで楽しませてもらっている中で足首を過剰に動かすようにもなっていたから、身体のバランスも崩れていて、たぶんこれからいろんなところが痛くなってくると思うんです。だから身体も一度ちゃんと休ませてあげて……。僕自身もまだ自分の中でけじめがついていないところもあるので、いろいろ考えながら総合的に判断して、世界選手権をどうするか決めたいと思います」

現役を続けるかどうかという、今後の方向性へ向けては、「自分の中ではフィールドは問わずに、と思っています」と言う。「せっかくこうやってたくさん見ていただけた羽生結弦のスケートというものを、僕自身ももっともっと納得できるものにしていきたいし、もっともっと皆さんに見たいと思ってもらえるような演技をしていきたいと思います。それがアイスショーなのか競技なのかまだわからないですけど、いろいろ考えたうえで……。でもどちらにしても、自分は皆さんに見ていただけた時に、『やっぱり羽生結弦のスケートは好きだな』と思ってもらえるような演技を続けていきたいと思います」と話した。

ミックスゾーンでの取材を終えた羽生は、囲んでいた記者たちに向かって「これまでどうもありがとうございました」と大きな声で言って頭を丁寧に下げると、何度も振り返って手を振りながら笑顔で控え室へ戻って行った。

北京から帰国後、3月1日に日本スケート連盟を通して、羽生は世界選手権の欠場を発表した。理由は北京五輪で受傷した右足首の捻挫が完治していないためだった。

結局このシーズンは、予定していたうちの3試合が欠場となり、出場した試合は全日本選手権と北京五輪の2試合だけになった。ただ、その数少ない戦いで羽生は4回転アクセルという前人未到の地に挑み、これまでと同じように強烈な印象と感動を残してシーズンを終えた。

2022年北京五輪
SP『序奏とロンド・カプリチオーソ』

Ryosuke Menju/JMPA

2022年北京五輪
SP『序奏とロンド・カプリチオーソ』

Kaoru Watanabe/JMPA

2022年北京五輪SP

Asami Enomoto/JMPA

Ryosuke Menju

2022年北京五輪フリー前日、
4回転アクセルの練習中に負傷

Asami Enomoto/JMPA

2022年北京五輪フリーに臨む

Kaoru Watanabe/JMPA

2022年北京五輪FS『天と地と』

Ryosuke Menju/JMPA

BEIJING 2022

2022年北京五輪FS

Asami Enomoto/JMPA

Ryosuke Menju/
JMPA

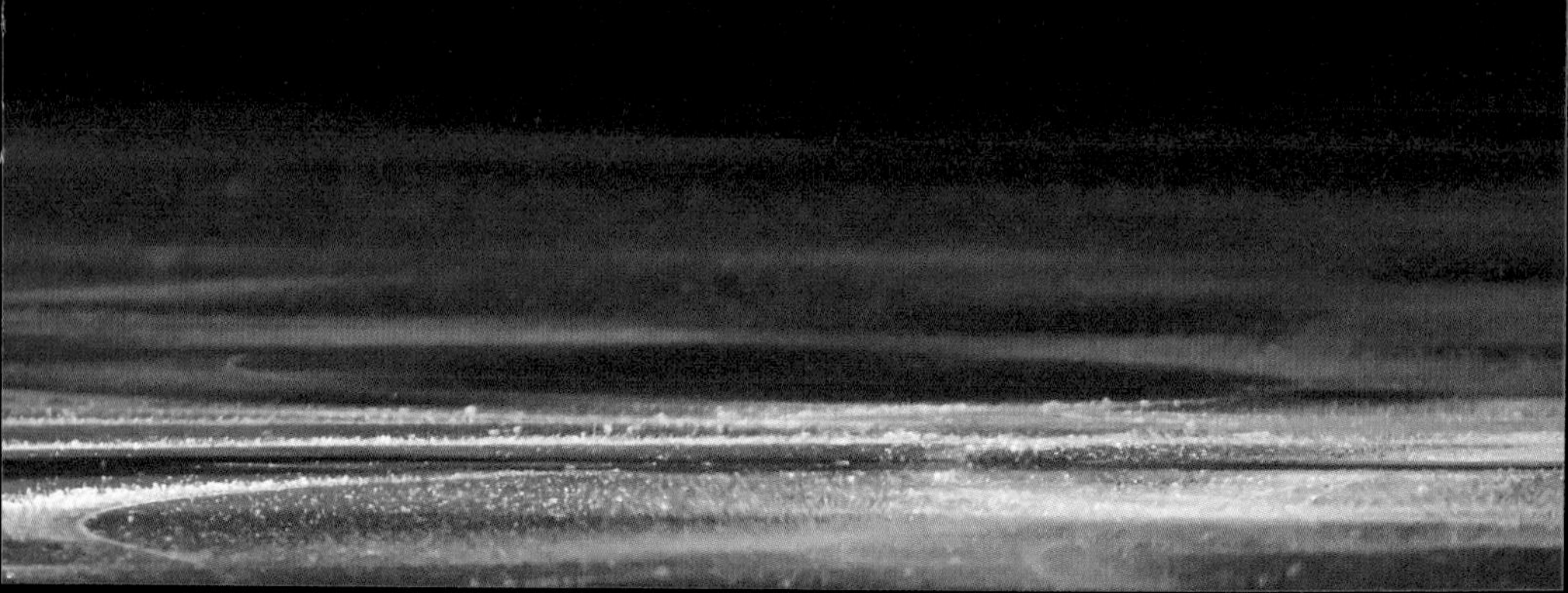

2022年北京五輪EX
公式マスコットのビンドゥンドゥンと

Ryosuke Menju/JMPA

Scene 7

その先の表現へ

ファンタジー・オン・アイス2022

2月20日の北京五輪最終日のエキシビション以来、右足首の治療に専念していた羽生結弦。久しぶりの舞台は、5月27日から始まった、〝ファンタジー・オン・アイス2022 in 幕張〟だった。

新型コロナウイルス感染拡大による入国制限もあって、2年間開催を断念していたアイスショー。3年ぶりの開催は幕張公演に続き、名古屋公演と神戸公演、静岡公演まで4公演あるツアー。このアイスショーの常連ともいえるハビエル・フェルナンデスやジョニー・ウィアー、ステファン・ランビエル、ジェフリー・バトルなどのスケーターたちと、久しぶりに一緒に滑れる機会でもあった。

羽生は怪我から復調した2019年と同じように、アーティストとのコラボレーション1プログラムのみの出演。前半の2公演はシンガーソングライターのスガ シカオとの共演になり、2006年にスガが作詞を提供してKAT-TUNのデビューシングルとなった『Real Face』だった。

自分の〝リアル〟を手に入れようと歌う歌詞。羽生は公演のプログラムの中で「北京五輪に向かう時の気持ちとか、今も目指し続けている4回転アクセルへの思いを詰め込んだプログラムにしようと思った」と選曲の理由を語っている。3年前にToshlとのコラボレーションで、忘れてしまった自分の素顔を思い出そうとする苦悩を、全力の表現で踊った『マスカレイド』を思い出させるような選曲だった。

パーカーのフードを被り、暗闇の中に現れた羽生は、前奏の途中でフードを振り払い、曲に合わせたキレのいい動きを見せる。スガが歌う歌詞への思いを身体中から発散するような、情熱的な激しい滑り。すべてのことに区切りをつけ、もう一度〝素のままの自分〟として歩み出そうとするかのように、中盤には氷上に置いてあった紙コップを取り上げると、まるで禊ぎのように頭からその水を被り、フッと笑みを浮かべて踊り続ける。

そして『パリの散歩道』から見せ場の一つにもなったランジの変形やハイドロブレーディング、イナバウアーと、「羽生結弦だ！」という技を連続させる。跳んだ2本のジャンプは、自身の思いを込めるアクセルジャンプだった。

次の名古屋公演では、オープニングで4回転トウループを跳んだ羽生は、最終日のフィナーレでは4回転トウループ＋トリプルアクセル＋3回転トウループ＋トリプルアクセルを披露した。

スガ シカオの『午後のパレード』で踊る第2オープニングでは、出演者たちの中心になってキレキレの動きで踊りまくり、観客の期待感を高める。そして広瀬香美の『ロマンスの神様』に乗ったフィナーレでは、すべてを解き放ったような軽快な踊りを見せ、3年ぶりのファンタジーを心から楽しみ、全力疾走する意気込みを見せた。

公演の合間に、羽生はファンタジー後半の公演プログラム掲載のため、久しぶりの再会となったフェルナンデスと対談し、3年ぶりのファンタジーの感想をこう話した。

「ファンタジー・オン・アイスは初日から最終日まですごく日数があって、ツアーとしてやっているんですけど、今回は最初から『もう最終日じゃないか』というくらいの熱量を感じられたので、それが嬉しかったですね。ファンタジー・オン・アイスならではの体感みたいなものが、観客の皆さんとのコネクションの中で感じられたなと思いました」

そんなアイスショーならではのこだわりを羽生はこう語る。

「僕のこだわりはやっぱり、言葉だったり世界観も大事にしているんですけど、音楽との調和。あとは自分がどういう風にその音楽に対して物語を持っているか、どういうテーマなのかを常に明確にしていくということを大切に思っています。それが自分の中で『こうやりたい、ああやりたい』みたいな感じで完結してしまうのではなくて、ちゃんと見てくれている皆さんの中に何かが……100パーセント自分が思ったものがポンと伝わるわけではなかったとしても、何かしらが伝わるような演技をしたいなといつも思います」

2人の話題はアーティストとのコラボレーションや選曲の基準にも及んだ。

「僕は、自分が得意な曲調でやることももちろんありますし、逆に自分の幅を広げるという意味でも、今までやったことのないようなジャンルをやってみることももちろんあります。ただ、コラボレーションはやっぱりアーティストの方がそこにいらっしゃって自分が演技をするので、通常よりもプレッシャーがかかるんです。アーティストさんに迷惑をかけたくないというか、一緒に完璧なものを作りたいというプレッシャーが強くあるので。そういう意味ではすごく冒険でもあるし、逆にそのプレッシャーがすごくいいパフォーマンスを生み出してくれる時もあって。いつも、すごく勉強をしながらやっている感じが強いですね」

初めてアイスショーに出演した時から現在まで、羽生は自身の変化や成長についても語った。

「正直、最初のころは競技会よりもアイスショーの方が好きで、『見てもらえる』という嬉しさが強かったんです。僕自身、アイスショーに憧れる気持ちも強かったので、自分が初めてスポットライトを浴びて滑った時は、緊張よりも楽しさの方が記憶に強く残っています。ただ、だんだん経験を積むにつれ『いい演技をしなければいけない』とか、コラボレーションだったら『完璧にしなきゃいけない』という気持ちがどんどん湧いてくるので。そういう意味では昔より楽しめなくはなったと思います。でもそれが、いい演技につながることもあるし。

ただ楽しんで自分のために滑っているのではなくて、ちゃんとお客さんにコネクティングしたり、自分の表現したいものに責任を持ってスケートをしたり。何か、自分がアイスショーに出演するスケーターとしての責任みたいなものを、ちゃんと感じながら滑れているなと思います。

でもその経験を試合にどう活かせるかというと、やっぱり競技の時の緊張感とアイスショーの時の緊張感はけっこう違うんです。リンクが狭いというのもあるけれど、それよりもお客さんにどう伝えるかという方が大切なので。競技会だったらジャッジに向けてどう伝えるかというのがメインなので、その違いは大きいですね。だから、昔はそこまで考えてはいなかったけど、今はショーだと360度全方向に対して気持ちを飛ばすように意識しています。

あとはアイスショーだと自分のオリジナリティーを出さなければいけないんですね。自分が滑るからこそ喜んでもらえるものだったり、自分にしか滑れないものだったり。そういうものがすごく必要になるというのがアイスショーだな、と今は思っていて。何かそういうことを、アイスショーを通じて学んだなと思います」

このファンタジーへ向けて、「かなり追い込んできて、実際体重が3kgくらい減ってきています。だから体力もすごくついたと思います」と自信を持っていた。アイスショーならではの練習方法について、羽生はこう語る。

「普通の競技会へ向けた練習になると、先ほども言ったようにジャッジに見せることがメインになるので、同じパターンで、同じ方向を正面にしてしかやらないですね。でも今回、ファンタジーに向けては、反対側を向く裏側でやってみて、それがどういう風に見えているかというのも考えながらやっていたので。

本当にこれで表現できているのかどうか、正面から見た時に表現できているのは当たり前ですけど、裏側から見た時にカッコいいのか。ちゃんとシルエットがきれいになっているのか、というのをすごく考えてやりました。一つ一つのディティールを細かく、細かく砕いていって練習するのがアイスショーには必要かなと思うので、それだけ時間はかかりますよね。加えてジャンプもしっかり跳ばないと意味がない。その意味では競技会の時に学んだ、ジャンプをどれだけ正確に跳んでいけるかという練習もしつつ、それにプラスアルファとして反対側を向いてやってみたり、細かいディティールをやっていたという感じです」

名古屋公演のあと、中1週空けて始まった後半のファンタジー・オン・アイス。神戸と静岡公演では、メジャーデビューから1年で武道館単独公演を成功させた、シンガーソングライターの宮川大聖とのコラボレーションになった。

オープニングでキレのある4回転トウループを跳んだあと、そのまま氷上に残り、宮川の『略奪』で踊る第2オープニングは、男性スケーターたちと集団で滑ったあとに、ギターパートでは味わいのあるソロのダンスも披露して、他のスケーターたちをリードする。

そして第2部の大トリで演じたプログラムは、宮川が歌う『レゾン』でのコラボレーション。『春よ、来い』や『Notte Stellata』を振付けたデイヴィッド・ウィルソン氏に振付けの土台を作ってもらい、そこに自分で工夫して考えや思いをちりばめたというプログラムだ。

「レゾン・デートル」、自身の存在理由を問いかける歌詞。氷上に倒れ込んでのたうつ振付けもある演技は、テレビインタビューで「孤独とピュアな心の葛藤、せめぎ合いを表現したかった」と話していたように、羽生結弦でなければ滑れないプログラムだ。突然の静止や、緩急のある滑りの中に、3回転フリップと3回転ループを溶け込ませるように跳ぶと、終盤には大きなディレイドアクセルも入れる。自分の中に溶かし込んだ曲への思いのかけらを会場中に振りまこうとするような〝羽生結弦の世界〟を作り出した。

最終公演だった静岡の千秋楽には、サプライズプレゼントが用意されていた。『レゾン』を滑り切った羽生は荒い息づかいのままリンクから上がってバックヤードに戻った。少し間を置き、ステージにはミュージカル女優の新妻聖子と、ヴァイオリニストのNAOTOが登場し、『ノートルダム・ド・パリ』を演奏し始める。

するとステージの奥から羽生が再び登場し、歌う新妻と掛け合いをするようにステージにひざまずいて演技を始めた。そして立ち上がって氷上に降りると、12-13シーズンのフリープログラム『ノートルダム・ド・パリ』の終盤のコレオシークエンスから力強く滑り出し、美しさとスピード感があふれるコンビネーションスピンとシットスピンを滑って締めた。会場を感動であふれさせる、まさに一期一会と言えるような2分間の演技だった。

Fantasy on Ice 2022 in 神戸
『略奪』（以下2点とも）

Yukihito Taguchi

Fantasy on Ice 2022

Yukihito Taguchi

Fantasy on Ice 2022 in 神戸
『レゾン』（以下3点とも）

Yukihito Taguchi

Fantasy on Ice 2022

Yukihito Taguchi

Fantasy on Ice 2022

Yukihito Taguchi

Scene 8

プロアスリート
決意表明会見

ファンタジー・オン・アイス終了から23日が過ぎた7月19日。羽生は都内のホテルで記者会見に臨んだ。

その情報が解禁されたのは、前日の午後3時。「羽生結弦による決意表明の場」としての会見、というリリースに世間では、現役続行か、それとも現役引退かという憶測が流れた。

19日の会見。スーツ姿で登場した羽生は、「これまでたくさんの応援のおかげで僕はここまで来れましたし、頑張ってこれました。そういう皆さんの応援の力の中で、羽生結弦としてフィギュアスケートをまっとうできるのは本当に幸せです」という挨拶に続き、「まだまだ未熟な自分ですが、プロのアスリートとしてスケートを続けていくことを決意いたしました」と、今後の方針を表明した。

「競技者として、他のスケーターと比べ続けられることはなくなりました。ただ、これからは自分のことを認めつつ、また自分の弱さや過去の自分とも戦い続けながら滑っていきたいと思います。そして、4回転アクセルにもより一層取り組んで、皆さんの前で成功させられることを強く考えながら頑張っていきます。

そして、一人の人間として、自分の心を大切にしたり、守っていくという選択もしていきたいなと思います。僕がこれまで努力してきたことを応援してくださる方々に評価していただいたり、見てもらったりして何かを感じていただいたり、そんなことができるのは僕にとっては本当に幸せですし、その幸せを大切にしていきたいなと思っています。（略）今までスケートを生で見たことがない方も含めて、『見てよかったな』『絶対に見る価値があるな』と思っていただけるように、これからさらに頑張っていきたいと思います。

そして4回転アクセルを含めて挑戦を続けて、さらに高いステージに行けるように頑張ります。プロのアスリートとしてスポーツであるフィギュアスケートを大切にしながら、加えて羽生結弦の理想を追い求めながら頑張っていきます。これからも戦い抜く姿を応援してください」

競技を離れる決断をした今の心境を聞かれて、羽生はこのように答えた。

「寂しさは全然ないです。自分の中ではもっと決意に満ちあふれた、もっともっと希望に満ちあふれたものだと思っていて、むしろ『期待してやってください』と胸張って言える気持ちです。これからは試合という限られた場所だけではなくて、もっといろんな方法で自分のスケートを見ていただく機会があるかなと思っていますし、それを作っていきたいなと考えているので、ぜひ楽しみにしていていただきたいと思っています」

会場に集まった記者からの質問に答えて自分の思いを率直に語った羽生は、競技会から退くことを決断した理由についてはこう言った。

「僕がこれまでやってきた間で、競技会に対して、結果ということに対しても、もう獲るべきものは獲れたなという風に思っていますし、そこに対する評価をもう求めなくなってしまったかなという気持ちもあります。

引退という言葉はあまり使いたくないんですが、そもそも平昌五輪のあとにもう引退しようと思っていました。僕が17歳の時のインタビューで、『五輪を2連覇したらどうするんですか』と質問された時に、『そこからがスタートです』と本当に自分の心の中からそう言える時期もあって……今は本当にそういう気持ちでいます。

自分の中では平昌五輪を終えればプロアスリートとしてスタートできると思っていたんですけど、4回転アクセルだったり、四大陸選手権を含めてまだ金メダルを獲っていない試合が何個かあったので、それを獲りたいと思って続けました。その結果として、4回転アクセルにこだわり続けたことで北京五輪というところまで続きましたけど、今の自分の考えとしては、『別に競技会で降りなくてもいいじゃない』と思ってしまっています。

これから先、自分が努力をしたい方向作りとか、自分が理想としているフィギュアスケートという形とか、そういったものを追い求めるのは、競技会じゃなくてもできるなって。むしろ競技会でないところの方が皆さんに見ていただけるのではないかなと思って、こういう決断をしました。これからも4回転アクセルを含めて、よりアスリートらしく頑張っていきたいなと思います」


羽生が競技者として、これまで最もこだわってきたのは五輪だった。3回出場し、優勝2回、4位1回という結果だったその大会を、こう振り返った。

「五輪は自分にとって、（ソチと平昌を）2連覇できた大会ですが、自分が今こういう立場にいたり、こういう発言をさせていただける場所などを作ってくれている、大切なものたちだなという風に思っています。それにプラス、やっぱり北京五輪ではその挑戦が成功したわけではないんですけど、それでも自分が夢を追い続けたり、頑張り続けた。ある意味それを証明できた場所だったと思います。そういう中で皆さんが、その姿を見てくださって『カッコいいな』とか、『応援したくなるな』とか感じてくれて、『自分もほんの一歩でも進もう』と思っていただけるような機会になったことが、何よりも嬉しいなと思っています。

一つ一つの五輪というものを全部意味づけしてしまうと長くなってしまいますが、僕にとっては自分が生きている理由、証というか……そして皆さんとともに歩み続けた、頑張った証でもあるし、これから頑張っていくための土台でもあるかなと思います」


戦い切れたという自負。それを胸にして、今回の決意に至った時期や思いの道のりについては、こう説明した。

「競技者としてはここで終了とか、ここからプロになりたいなと思うことは、いろいろな場面で多々ありました。新たなスタートとして次のステージに向かいたい、という。そういうネガティブな〝引退〟とか……フィギュアスケートって不思議ですよね。現役はアマチュアしかないというのも、すごく不思議な感じだなとも思っているんです。実際、甲子園の選手が野球を頑張って甲子園で優勝しました、プロになりました、といわれたら、そこが引退かというとそうではなくて。

僕はそれと同じだと思っていて、むしろここからがスタートで自分がどうやって見せていくかとか、どれだけ頑張っていけるかということが大事だと思っています。その意味では何か、新たなスタートを切ったなと今は思っています。

（競技会から離れることは）平昌五輪が終わってからは試合が終わる度にいろいろ考えました。『この努力の方向は間違っているのかな』とか、『本当に頑張れていないのかな』など本当にいろいろ考えながら競技をしてきました。結果として、最終的な決断に至ったのは北京五輪が終わってからです。帰国してからは足首が痛くて滑れなかったので、治す期間でいろいろ考えた時に『もうこのステージにいつまでもいる必要はないかな』と思って。よりうまくなりたい、より強くなりたいと思って決断しました。

実際にはそのあとにファンタジー・オン・アイスがあり、そこが対外的には自分のアマチュアスケーターとして滑らせていただいた最後になるのですが、その時また改めて『より高いステージに立ちたいな』『より一層努力したことが皆さんに伝わるステージに行きたいな』と思いました」

優劣を競う競技会ではなく、プロアスリートとして強さとは何なのか。そして、強くなりたいと思い続ける原動力は何なのか。

「それはアスリートだからなのかなと強く思います。これまでも現状に満足したことは基本的にはないですし、とにかく『うまくなりたいな』と思っていました。それが例えばジャンプであったとしても、フィギュアスケートに求められている音楽的な表現力であったとしても、常にうまくなることが楽しみというか。それがあったからずっと、今スケートをやっていられるなと思っています。

何か自分の中では、『スケート=生きている』みたいなイメージがあって。生きる中ではどうしてもうまくいったり、うまくいかなかったりというのは必ずあるし。それに対して何か言われたりとか、喜んでもらえたりとかいろいろある。逆にすごく停滞している時もあったり、そういうものがスケートの中にはすごく感じられて……。でも、それこそが自分にとってのフィギュアスケートかな、とも思います。

だから優勝して記録を打ち立てたからとか、世界最高得点を出せたとか、難しいジャンプを跳べたからとか、そういう意味ではなくて、普通に生きている中でもっと難しいことをやりたいとか。単純に小さいころだったら、もっと褒めてもらいたいとか……そういう気持ちだけで頑張ってこられた気がします」

これまでの2シーズン、羽生の口からは「今の自分がこれまでで一番うまいと思っています」という言葉が何度も出ていた。そんな自信があるからこそ、見ている者たちは「もったいないのでは」という思いにもとらわれる。さらに先例としても、一度プロになったあと、競技会に復帰して五輪に出場した選手たちがいる。そんな期待は望めないのかという問いにも羽生は「競技会の緊張感が恋しくなるというのは、絶対にないと言い切れます」と自信を持って言った。

「今後の活動についていろいろ考えている中で、僕は絶対に競技会としての緊張感みたいなものを味わってもらえるようなことをしたいと思っているので。別に競技会を作ったりとか、大会を作ったりということは考えてはいないんですけど。やっぱり皆さんが好きな、皆さんが応援したくなるような『羽生結弦』というのは、挑戦し続ける姿であったり、独特の緊張感があったりとかそういう中での演技だと僕は思っているので。そういったものを感じていただけるようにしたい。

皆さんにも『競技者じゃなくなったから、何か気が緩むな』みたいな感じで見られるのではなく、毎回緊張できるような。本当に全力でやるからこその緊張感をまた味わっていただけるようなスケートを、常にしたいと思っています。むしろ皆さんをもっと緊張させてしまうかもしれないし、僕自身ももっと緊張するかもしれないし。そのくらい、一つ一つの演技に自分の全体力と全神経を注いで、ある意味では死力を尽くして頑張りたいなと思っています」

そんな決意を持って進もうとするプロアスリートへの道。これまでのフィギュアスケーターが名乗ることがなかった、その名称の定義はどう考えているのか。

「正直な話、アスリートは、特にフィギュアスケートではそんなに苦しいところを見せてはいけないと自分は思っています。演技をしている時はめちゃくちゃ頑張っていて、終わったあとにキス&クライで点数の発表を待つんですが、本当はそこで倒れ込むくらい全力で毎回滑っているけれど、倒れ込むわけにはいかない。あとアイスショーも華やかな舞台だとか、エンターテインメントみたいなイメージがあると思いますが、僕は、もっともっとアスリートらしくいたいなと思っています。もっともっと難しいことにチャレンジしたり、挑戦し続ける姿、戦い続ける姿をもっと皆さんに見ていただきたいなと。そんな期待もしていただきたいなと思って、この（プロアスリートという）言葉たちを選びました。

また4回転アクセルに関しては、北京五輪ですごくいい体験ができたと思っています。実際あの時は痛み止めの注射を打ってしまっていたからこそ、何も感じなかったからこそ怖くなかったということもあって、本当に全力を出し切って4回転アクセルに挑むことができました。

あの時は本当に4回転アクセルのためにずっと努力をしていたといっても過言ではないので、それに比べると最近はアイスショーなどもあって4回転アクセルは練習の時間が取れなくて。ただ、現在は4回転アクセルの練習は常にやっています。それに実際、北京五輪の前も含めていろいろな知見を得られたからこそ、現段階では『もっとこうやればいいんだな』とか『もっとこうやればできるんだな』という手ごたえがありますし、最近のアイスショーに出させていただいた中で、毎日のように『こういう視点があったんだな』という発見があって。そういう意味で、これからさらにうまくなっていけるんだなという、自分への期待とワクワク感がある状態です。今は自分に伸びしろをいっぱい感じています」

そんなプロアスリートとしての具体的な活動について、羽生は「自分の中で考えていたり、話し合いをする段階で、いろいろ進めようと考えていることはある」と話す。「実際に実現できるかどうかわからないけど、今まで競技者としてやってきた中では試合で演技をすることなどに限られてきたけれど、もっと今の時代に合ったスケートの見せ方とか……。ファンの方はもちろん、今までスケートを見たことがない方々も含めて、『これだったら見たいかもな』と思うようなショーだったり、応援してくださる方々が納得できるような場所だったり、演技だったり。そういうものを考えていきたい」と。

羽生は、これまでの長い競技生活と自身の努力を、改めてこう振り返った。

「平昌で五輪を連覇した時点で競技を終えて、プロとしてさらにうまくなっていきたいと思う時期があったという話をしたんですが、あの時のままの自分だったら、今の努力の仕方だったり、どうやったらうまくなれるのかとか、そういうものを感じられないまま、本当の意味で終わっていたかもしれないなと思いました。

あのころはまだ4回転もルッツやフリップという、今の新時代を象徴するようなジャンプが増えてきている段階でもあったけど、そういうジャンプたちを自分も追い求めて。フィギュアスケートの一番うまくなる時期というか、『このくらいの年齢で競技を終えるよね』『ここからはうまくならなくて、停滞したり維持するのが大変なんだよね』と言われる年齢は大体23〜24歳くらいだというのが通例みたいなものでした。だけど僕自身、23歳で平昌五輪を終えて、そこから今の今まで本当にジャンプの技術を含めてかなり成長できたなと思っているんです。

それは、どういう努力をしていけばいいのか、どういう工夫をしていけばいいのかというのがわかってきたからこそ、今があるのだと思います。そういう意味で、今が一番うまいんじゃないかと思っています。その経験があったからこそ、これからたとえ30歳になろうとも、40歳近くになろうとも、今までは『あの年齢だからできなくなる』と思っていたものがなくなるんじゃないかと思って、ちょっとワクワクしています。そういう意味では北京五輪まで続けて、これ以上はないぐらい頑張ったと言える努力をしてきてよかったなと思います。これからも改めて、いろんな努力の仕方だったり、頑張り方とかをいろいろ試行錯誤しながら、さらにうまくなっていけたらいいなと思います」

初めて五輪で優勝したソチ以来、王者として世間から注目された羽生は、笑みを浮かべながら「『羽生結弦』という存在は常に重荷でした。本当にすごく重たいです」と言った。そして、「今もそれは同じでここに登壇する前も、『決意表明を』と言われた時もすごく緊張して、今まで考えてきたことがすべて吹っ飛んで手が真っ青になるくらいでした。そういう意味では自分自身も完璧でいたいと強く願いますし、これからも完璧でいたい、もっともっといい『羽生結弦』でいたいと思ってしまうので。これからも『重いなぁ』と、いろんなプレッシャーを感じながら過ごすのだろうと思います」と続けた。

羽生が決断したのは〝引退〟ではなく、フィギュアスケーターとしてさらなる進化を求めるために挑戦し続けたい、という自分の思いに正直になることだった。毎年のように少しずつ変更されるルールや、ジャッジの評価という外的要因に振り回されるのではなく、そんな制約から解き放たれて自由になり、自由な発想でプログラムを作り上げ、理想とするフィギュアスケートを追求したいと。だからこそのプロアスリート宣言だった。

「いつもいつも『羽生結弦』って重たいなと思いながら過ごしていますけれど、それでも『羽生結弦』という存在に恥じないように生きてきたつもりですし、これからも『羽生結弦』として生きていきたいと思います」

これまでの戦いは自分自身に対峙するとともに、競い合う相手やジャッジとの戦いでもあった。だが「さらなるプレッシャーを感じるだろう」という羽生は、自分自身のみをライバルとする、孤独な戦いの世界に足を踏み入れたのだ。

Scene 9

新たな出発

「Share Practice」

プロアスリートとして新たな道を踏み出した羽生は、2022年8月10日、拠点にするアイスリンク仙台で「Share Practice」と自ら命名した公開練習を実施した。これまで取材をしてきたメディアだけではなく、自身のYouTubeチャンネルでライブ配信をして、10万人を超える人たちがリアルタイム視聴するものになった。

その名称をつけた理由をこう語った。

「自分の中では一つの単語というか、新しい造語みたいな感じで考えたけど、最初はオープンプラクティスとか、オープントレーニングなどいろいろ考えました。でも皆さんと共有して、そこで一緒に戦っていけると考えた時に、〝シェア〟というのが一番自分らしいかなと思って。でもこれはイベントでありつつ、戦い抜く姿を見てほしいというのがテーマとして大きかったので、練習という単語を外さずに、〝シェアプラクティス〟としました」

氷上練習は12時30分からだったが、その前にはこれまでは見せていなかった陸上でのウォーミングアップも公開した。入念に行うストレッチは、それぞれの部分の骨や腱まで意識したような動き。特に腰から上半身にかけてのストレッチは入念で、骨や腱だけではなく内臓まで意識の中に入れ、それぞれの部位を連動させる動きを大事にして柔軟に躍動させる。それが羽生独特の上半身から肩や腕にかけてのしなやかな身体使いの元になっていることをうかがわせるものだ。

さらに陸上でのジャンプ練習も一本一本をしっかり集中。全身の骨格まで意識し、身体の中心線や軸をしっかりとらえてから回転する丁寧な練習。羽生結弦を支えている感覚の鋭さの片鱗を見せるものだった。

氷上に乗ると身体を慣らしたあと、リンクに流れる曲を口ずさみながら、アクセルの入りから氷上でクルクル回って軸を確かめるいつもの練習。それから3回転ループを跳ぶと、『花になれ』に合わせて3回転ルッツを跳び、イーグルからのトリプルアクセルまでつなげた。

そして『天と地と』の曲をかけると、その音にピタリと合わせるように4回転トウループ＋3回転トウループを跳び、納得するように頷くと、少し間を取ってからもう一回曲をかけ直して4回転トウループ＋1オイラー＋3回転サルコウをきれいに決める。力みのまったくない、キレのあるジャンプを続けた。

ここまではまだ、羽生の中ではウォーミングアップだった。それから『Hope & Legacy』をかけてジャージを脱ぐと、滑り出してすぐに4回転ループを跳んだ。さらに少し時間を取ってからもう一度曲をかけ直し、同じ箇所で跳んだのは、まだ世界の公式戦では誰も成功したことがない、4回転ループ＋3回転トウループだった。

「本当は、あそこは4回転ループ＋3回転トウループにするか、4回転ループ＋トリプルアクセルにするか悩んだんです。でも今日は『SEIMEI』をノーミスすることが目標だったので、ループ＋トウループくらいにしておこうかなと思いました。実際ループのコンビネーションはしっかり練習もしていて。本番で組み込むほどの確率の高さなのかとか、これから自分がやっていきたい活動の中で、その難易度のものをやる必要があるのかと考えると……。競技のルール上では得点的においしくないと思うとやる必要はないかもしれないんですけど、ポテンシャルとして『ここまであるぞ！』というところはちょっと見せたかったんです」

練習後にこう話した羽生だが、それだけでは終わらなかった。曲を『僕のこと』に変えてからトリプルアクセルを軽い感じできれいに決めると、少し曲を口ずさんだあとに気合いを入れて4回転アクセルに挑戦し、ほぼ回転した状態での両足着氷となるジャンプも見せてくれた。

その後も『Hope & Legacy』を途中からかけて4回転サルコウ＋3回転トウループをきれいに決めると、そこからはこの日の本命だった『SEIMEI』をかけた。

練習開始から40分ほど過ぎたころ。最初のポーズから滑り出して4回転サルコウと4回転トウループをきれいに決めて3回転フリップへ。そしてコンビネーションスピンからステップシークエンスへつないだが、次の4回転サルコウがパンクすると「ああっ！」と声を上げて演技を止めた。

そのまま曲が終わるのを待つと、すぐにまた始まった曲に合わせて滑り出し、4回転サルコウ＋3回転トウループまではきれいに決めた。だが今度は次の4回転トウループが両足着氷になってしまい、「あー、やっちゃったな」と大きな声を上げて演技を中断。

そしてその前と同じように次の曲の開始まで待つと、3回目の『SEIMEI』に挑戦。集中し切った鋭い表情で滑り出すと、前半のジャンプ3本を好調に決めていく。後半最初の4回転サルコウは少し尻が下がる着氷になったが、しっかり耐えて3回転トウループをつける。次の4回転トウループ＋1オイラー＋3回転サルコウもしっかり決め、そこからトリプルアクセル＋2回転トウループ、3回転ループ、3回転ルッツを確実に降り、コレオシークエンスのあとにコンビネーションスピンで締め、最後のポーズを取った時には「ああっ」と安堵の声を上げた。

集まったメディアから拍手が起こる中、「ありがとうございました」と大きな声で挨拶したあと、膝に手をついて荒い息を繰り返す。3回連続で全力を尽くして挑戦したのは、痛み止めを打って滑った平昌五輪の予定構成と同じプログラムだった。

羽生はこの公開練習を開催した意図を説明した。

「これからプロとして活動していくにあたって、練習の光景とか、4回転アクセルについても『やっていく』というところを見せる機会はなかなかないなと思っています。それでも自分の練習を見たいと思ってくださる方もいますし、その中で自分のアスリートらしさというのが根本的にあり、さらに追求し続ける姿みたいなものを見ていただける機会になればなと思って、こうして練習を公開するイベントを作ってみました」

そして今回、『SEIMEI』を滑ることをメインにした理由をこう話した。

「今回は開催を決めたのが急遽だったので、滑る演目だったりかけられる曲はかなり限られる条件でした。その中で、平昌五輪で滑った時と同じ構成の『SEIMEI』をノーミスでやるということを今回の目標にしました。あの時よりうまいんだ、というのを証明したいみたいな……自分の中ではそういう強い意志があって最後まで滑らせていただきました」

ノーミスするまで3回続けて挑戦したことについて、「本来の練習でも、もっと間のトランジションは抜いているけど、3回続けてやるみたいなことはやっているので、実際の練習の形態には近いです」と言うが、「少し気合いが入りすぎて空回りした部分はあったかなと思います」と苦笑する。

「やっぱり僕自身の演技の中では、平昌五輪での『SEIMEI』のイメージが強いと思いますが、あの時はノーミスをやり切れたわけではないですし。もちろんリカバリーとかうまくいったなと思う点はありましたけど、本来したかった演技というのは足首の状態もあって全部はできなかったし……。それにそこまで確率がよかったわけではないので。今、あれから成長しているというところを見せたかった、というのが一番強かったなと思います。

でも僕自身、やっとスケーターに育ったかなとも思っているところです。こうやって皆さんの前でプロとして、初めてスケートを披露することができて。またその中で、自分が最初にスケートを始めた場所で『SEIMEI』をノーミスするということにも何か意味があったな、とも思っていて。もちろんソチ五輪も平昌五輪も北京五輪もかけがえのない自分の記憶ですし、経験にもなっていると思います。それがあったから、やっと今スタートラインに立って、これからさらにうまくなっていけるんだと思えているので。まだまだこれからも応援をしてもらいたいなと思っています」

普段の練習は夜中にやっていることもあり、久しぶりの昼間の練習は思ったようには身体が動かず、すごく悔しかったとも言う。「絶対に降りる姿を見ていただけるように、これから死に物狂いで頑張っていきたい」と話す4回転アクセルは、「できればプログラムの中で跳ぶ機会があったらなと思う」と意欲を持つ。

「今はまだそういう（プログラムに入れられる）確率になってもいないですし、正直、今日もやったけど、まだ頑張っても全日本のころの4回転アクセルにしかなっていない。足首と左足にもかなり負担がかかるジャンプだけど、今は全日本のころより左足の状態もいいし、右足首もだいぶ良くなってきてこうやって挑戦できているので。これからまた、平昌五輪の経験や、これまで培ってきた経験や学んできたことを活かして、もっとうまくなっていけたらなと思っています」

6月に行われたハビエル・フェルナンデスとの対談で、プロスケーターになった時と競技者時代との違いを質問していた羽生。フェルナンデスの「生活も1日でガラッと変わり、まるで扉を開けて新しい世界に一歩踏み出していくような感覚だった」という言葉に頷き、興味深そうに聞いていた。

今、その立場になった感想を聞くと、「実際に自分がなってみると本当に忙しいですね。自分でいろいろ考えて、いろんなことを自分で進めていって。本当にプロとして責任を持ちたいなと思っていますし、これから自分が演技をしていくにあたっても、どういう風に皆さんに見ていただきたいか、〝何が皆さんにとって羽生結弦か〟ということを、また改めて自分に問いかけています」と話す。

「記者会見から今日まで、ずっと緊張しながら生活してきました。もちろん自分がいろいろな活動をしていくにあたって、プロとしてやらなければいけないこと、今まで人任せにしていたものを、自分から率先していろいろ考えながらやっていかなければいけない。本当に大変というか、それこそ睡眠時間もだいぶ減ったなと思います。

でも気持ちの中ではむしろ、競技者の時よりも、すごくハードな練習をしなければと思っていますし、実際にしています。今までは試合というものに追われながら頑張ってきましたけど、今は本当に皆さんの期待を超えたいみたいな……。その方が大変だと思っていますが、ある意味で充実した日々を送れています。

ただ、僕は競技者としては本当に怪我が多かったけど、プロとして欠場は許されないです し、楽しみにしてくれている人たちの気持ちを踏みにじりたくないとすごく思うので。これからはプロのアスリートとして怪我をしないように、皆さんに見ていただける機会には、常に高いレベルで滑ることができるようにしなければいけないと思っています」


そんな意欲を語った羽生は、プロとなった今と競技者時代との感覚の違いをこう説明する。

「競技の場合は6分間練習をやって1本のプログラムをやって終わりという、ジャッジに点数をつけてもらうためのスケートでした。でもこれからは、皆さんに見てもらえるようなプログラムをやっていかなければいけないというのはもちろん、それにプラスアルファ、僕の場合は競技と変わらない、むしろ競技よりもさらに一段階ギアを上げたような演技をしていかなければいけないなと思っています。

今日の練習を見て思われたでしょうが、もっときついです。新しいショーを組み立てようとしている時も、その練習をしている時も、本当にきついなと思ってやっているんですけど、それでもレベルを落とすことなく最後までやりたいなと思うので。新しいショーの形も、自分自身の瞬発的なレベルの高さも、期待していただけたら嬉しいです」

〝引退〟という言葉ではなく、〝新たな出発〟という表現と〝プロアスリート〟という名称を選んだ理由を「これまで皆さんが応援してくれたのは、僕が難しいことにチャレンジしているところや、失敗を恐れずにずっとチャレンジし続ける勇気、また絶望から立ち上がるところなどに対してのものだったと思います。もちろん自分のスケートに対しての応援もあったと思うけど、何かそういうものをすべてひっくるめて全部大切にしたいと思いました。だからこそ、プロ＝引退というのにはしたくなかったんです」と話す。

これまでは得点で評価される世界で、多少の疑問はありながらも「正解」は見える世界だった。だがこれからは「正解」がない世界に踏み込んでいく。その中で、高難度の技術も追求する難しさに立ち向かうという、まだ誰も踏み込んだことがない道でもある。だが羽生は、「だからこそ楽しい」と素直に言う。

「やっぱり難しいと思えるからこそ楽しいんですよ。プロになると失敗ができないというのはあるし、結果という形がないからこそ怖いところでもあると思います。でもこれからは見てくれる方々や、応援してくださる方々が、『また見たい』と思ってくださるかどうかがすべての結果だと思っているので、それをちゃんと出していかなければいけない。本当に難しさはあるけど、それを追求していくのが『羽生結弦』かなと思っています。

これまでの発想にとらわれない、新しい想像力も必要になるから、本当にいろいろなことを勉強し続けなければいけないですね。バレエだったりダンスだったり、いろんなことを勉強していって……フィギュアスケートという幅を、『羽生結弦』としての幅を、さらに広げていきたいと思います」

そんな思いを膨らませる羽生は、今後の活動について「記者会見後からやっと動き出したので、今はめちゃくちゃバタバタしていて寝る時間も削っている状態です。でも実際に、『これをやりたい』『あれをやりたい』というのはちょっとずつ決まってきていて。年内に形になる目処はついてきたところで、そのための練習も始めています」と話す。

この公開練習を開催したのも、羽生にとってはプロアスリートとしての活動を始めるための、区切りの一歩だった。

2022年8月、
アイスリンク仙台での
シェアプラクティス（以下同）

Keiko Asakura

Keiko Asakura (3点とも)

Keiko Asakura

Keiko Asakura

Scene 10

これから始まる物語「PROLOGUE」

8月の公開練習では「まだ内緒です」と話していた、羽生結弦のプロアスリートとしての第一歩となるアイスショー。

「これまでの僕の歴史や、スケート人生そのものを感じていただけるようなものを、という思いから企画しました。これから紡がれていくいろいろな物語の、〝プロローグ〟となるようにという思いとともに、全力で向かっていきます」

そう語る『プロローグ』は、11月4日に開幕した。

自身で企画・構成をし、一人だけで滑る、これまでに例のない単独のアイスショー。

「自分としては、これから始まる（プロアスリートとしての）物語へ向けてのプロローグであり、自分がこれからまた新たな決意を胸にして、目標に向かって、夢に向かって一歩ずつ進んでいくんだということを……これまで自分が経験してきたことや、皆さんに力をもらってきた事柄、そういったものをまた改めて皆さんと共有しながら、次のステップにつながるようにと思いを込めて、このショーを企画・構成しました。7月のプロ転向会見をしてから、会場を含めてすべての企画がスタートしました。かなり時間がない中でしたが、大勢のスタッフに頼みながら、自分の要望に応えていただきながら作っていただきました」

幼いころの姿からスケーターとして成長する過程や、中国杯のアクシデントなどを振り返る映像が、演技の合間に大型スクリーンに映し出される構成。「演技の配置や順番も含め、どこに何を入れようかということを考えた時に、記者会見からちょっと過去に戻ると平昌五輪があったので。それからまた改めて、自分の今までの全部の人生を振り返り、最終的には北京五輪のエキシビションになり、今現在に至る、みたいなことをしたかったので、最初の方に平昌五輪の代表曲でもある、『SEIMEI』をさせていただきました」という。

平昌での五輪連覇達成は、「自分のこれからの人生を左右するものでもあり、必ず達成しなければいけないものだという、自分にとっては決定事項だった」と過去に話していたように、今のフィギュアスケーター・羽生結弦の根幹をなすものだった。

横浜公演初日のショーは、ぴあアリーナMMで7900人の観客が羽生の第一歩を見守る中で始まった。暗闇の中で羽生がリンクに登場するといきなり全照明が点灯され、「6分間練習です」というアナウンスとともに開始。いつもの試合前の光景を再現する、ファンにとってはたまらないスタートだった。

羽生は落ち着いた表情でいつものように滑り出し、時間をおいて3回転ループを跳ぶと、その後はトリプルアクセル。さらに後半には4回転トウループ＋1オイラー＋3回転サルコウや、4回転サルコウを軽々と跳ぶ。そしてそのままリンクサイドに戻って水を補給すると、「1番、羽生結弦さん」というコールを聞いて『SEIMEI』の演技に向かった。

「6分間練習をやること、アイスショーでは考えられない全部の照明を焚いた状態でやることも含めて自分で考えました。けど正直、どういう反応をしていただけるのか、僕自身も6分間練習を試合の場ではない中でやるということで、どのくらいちゃんと集中できるか、不安で仕方なかったんです。

ただ、プロローグの1回目を最後までやった感想としては、皆さんの本当に充実した表情や反応をいただけたと思うので、そういう意味では成功したんじゃないかと思いました」

羽生が、「心の中では完全に、平昌五輪を思い出しながらやらせていただきました」と言う『SEIMEI』。最初に4回転サルコウをきれいに決めると、続けて4回転トウループ。そして3本目をトリプルアクセルにして、コンビネーションスピンからステップシークエンスへと落ち着いた滑りでつなげた。

そして後半はトリプルアクセル＋3回転トウループ、トリプルアクセル＋1オイラー＋3回転サルコウを跳び、フライングシットスピンからコレオシークエンスで会場を盛り上げ、最後はコンビネーションスピンで締めた。

「実際は4分7秒くらいのものになっていて、ジャンプの本数も少なくなっていますけど、プロになったからこそできる……競技なら（同じジャンプの3本目は）キックアウトになるけど、プロではその制限はないのでトリプルアクセルを3本やってみました。ものすごく緊張しました。試合だったら目の前にジャッジの方がいますけど、今回のように大勢のお客さんが自分の目線の先にいるというのは、正直自分の中でもすごく何かを試されているなと思いました。だから自分自身も試さなければいけないな、ということを感じながら滑っていました。いい緊張感の中でできたと思います」

ジャンプは5本だが、そのすべてが4回転とコンビネーションジャンプを含んだトリプルアクセルのみという、まったく手を抜いていない高難度の構成。アスリートであり続けるという強い意志を伝える演技でもあった。そして『SEIMEI』が終わった5分後には、中村滉己さんの津軽三味線が力強い演奏を始め、衣装を替えた羽生が登場すると、08～10年のエキシビションプログラムだった『Change』を激しく滑る。

続くトークショーの中の質問コーナーで、2万7000通集まった中から「これからも羽生結弦選手と呼んでもいいですか」という質問には、「僕自身、競技をやっていくのとなんら変わらないと思っています。フリーをやった5分後に『Change』をやるのは試合以上に大変だったけど、現役時代より体力をつけているので、選手と呼ばれるのは嬉しい」と答えた。

観客が持つバングルが発光する色で候補曲に投票し、一番リクエストの多かったプログラムを滑るリクエストコーナーで、羽生は『Let's Go Crazy』のステップシークエンスから最後のコンビネーションスピンまでを披露。続くYouTubeチャンネルで募集したリクエストに応えて滑るピックアップコーナーでは、「ノービス時代に滑った自分の初めてのショートプログラムで、まだ旧ジャッジシステムのころのプログラムです」と説明して、『スパルタカス』を滑った。

羽生がリンクから上がると、大型スクリーンには3・11東日本大震災のニュース映像が流れ、4月の神戸チャリティー演技会で羽生が『ホワイト・レジェンド』を滑る姿が映し出された。続いて2011年12月のGPファイナルで、羽生がフリーの『ロミオ＋ジュリエット』を滑る映像になり、その途中から飛び出てくるように羽生本人が氷上に現れると、サーキュラーステップから滑り出し、演技後半を当時の構成のまま最後まで再現した。

そして次に滑った4本目のプログラムは、自身が振付けをした新プログラムの『いつか終わる夢』。「ファイナルファンタジーX」の楽曲で、演出家のMIKIKO氏によるプロジェクションマッピングとのコラボレーションだ。氷上に水面や水中の光景が映し出され、羽生が滑ると航跡が残り、それに反応するように両側には木立が現れ、花びらが舞ってくる幻想的な空間。その中を羽生が緩やかに舞っていく。

「ファイナルファンタジーXは、僕はめちゃくちゃ好きな世代なので、いろいろなことを考えて作りました。僕のもともとの夢は五輪連覇でした。そしてそれを果たしたあとに、4回転アクセルという夢を設定して追い求めてきました。でもアマチュアという競技ではそれを達成することはできなかったし、ISU公認の大会での初めての成功者にはなれませんでした。

その意味では〝終わってしまった夢〟かもしれません。いつか終わる夢。何か、皆さんに期待していただいているけどできない。だけどやりたいとも願う。もう疲れてやりたくないのに、皆さんに応援していただけばいただくほど、自分の気持ちがおろそかになって壊れていって、何も聞きたくなくなってしまう。それでもやっぱり、皆さんの期待に応えたい。そんな心の中のジレンマみたいなものを表現したつもりです」

この曲に振付けをしてみたいと思ったのは、練習中に曲を流しながらなんとなく滑っていた時だった。

「曲を聞きながら、皆さんに好かれているクールダウンの動きをやった時に、曲にピタッとはまったんです。その時にこういうクールダウンを皆さんがすごく見てみたいと言ってくださっているなというのを思い出して。『あれだけで十分満たされる』という声をいただいていたこともあったので、それをプログラムにしようということをまず思いつきました。『いつか終わる夢』というタイトルも含めて、いろいろ曲を感じられるなと思いました」

長い間競技者として世界のトップで戦い続ける中で感じてきた幾多のもの。孤独とも向き合いながら、自身の進化だけを求めて戦い続けてきた心を、ゆっくりとクールダウンさせるようなプログラム。それを滑り切って改めて感じた印象をこう話す。

「魂とともに舞っていたり、歌っていたり、感情を表現していたり……。本当に幻想的な風景で、水の中にいたりというシーンなのですけど、そういうものをMIKIKO先生と演出を考えている中で、参考にしながら作っていきました。僕自身も何かある意味、皆さんの応援の思いというものが、本当に魂を込めて応援してくださっている方々もたくさんいるんだな、ということを思っていました。

以前、『Notte Stellata』を滑った時に、皆さんの〝思い〟みたいなものが光っていて、『何か、満天の星みたいだった』と言ったことがあるんですけど、今回は応援の光がまぶしくて、皆さんのその思いとともに一緒に滑っている。けど、『自分はもう見たくないんだ』『でも一緒に滑るんだ』と（葛藤して）、最終的に皆さんの思いを集めて『また滑り続けるんだ』みたいなものを表現したつもりです」

そんな思いも込めて滑った羽生が、最後のプログラムとして選んだのは、北京五輪のエキシビションでも滑った『春よ、来い』だった。

「このプログラムもまた、MIKIKO先生にお願いしました。ここまで本格的なプロジェクションマッピングを含めた演出というのは初めてやっていただいたので、見ている皆さんの中でフィギュアスケートを見るという目がまた変わったのではないかと思います。実際に会場で見る、本当に近場の、滑っている僕と同じ目線の高さで見るスケートと、上の方の席から見るスケート、またカメラを通して見るスケートではまったく違った見え方がすると思うので、ぜひそういうところも楽しんでもらいたいなと思っているプログラムです」

MIKIKO氏によるプロジェクションマッピングは、羽生が滑る中で発生させる空気の振動が波動のように周囲に伝わり、その光景を様々に変化させる演出。そして深いハイドロブレーディングで手のひらに集めた氷片を空にまき散らすと、その瞬間に氷上は花で埋まった。春の訪れを待ち焦がれる滑りではなく、羽生が滑りの中で発生させた空気の振動が地を暖め、空気を暖め、その場に春を訪れさせた演技だった。

そしてアンコールではソチ五輪で優勝を手にする原動力ともなった、ショートプログラム『パリの散歩道』をステップシークエンスからエネルギッシュに滑って演技を終えた。たった一人で滑り切った90分間のアイスショーだった。

「このショーへ向けての体力強化は本当に大変でした。ここに来るまでに頭から最後まで通すというシミュレーションを5回ほどやってきたのですけど、僕はいつも一つのプログラムに全力を尽くし切ってしまうので、そのあとにまた滑るというのは考えられなかったんです。でもなんとかここまで体力をつけられたな、と自分では思っています。

あとは自分が表現したい世界だったり、自分の演技と演技の間のＶＴＲなどで、ストーリー性のある物語を皆さんにより伝えやすくする作業だったり。自分の意図するものがちゃんと伝わるようにということを考えながら編集したり、実際に作ってくださる方を頼ったりする作業がすごく大変でした。本当に今日の朝までかかってできたものなので。まだまだやりたいこともありますし、『もっとこうできたかな』というのももちろんあります。でも本当に自分一人ではできなかったですし、何より自分の意志をここまで尊重していただきながら、こうやって大勢の皆さんが心を一つにして動いてくださるということは、普通のアーティストとしてでもなかなかできないことなので。これまでのアマチュア時代をしっかり、誠心誠意を持って頑張ってきてよかったなと思いましたし、また改めて、これからこういう皆さまと一緒に頑張っていきたいなという気持ちになりました」

〝プロアスリート〟という意識を持って進もうとするフィギュアスケーターの道。それはこれまで誰も踏み出したことがない、なんの標もない道だ。だからこそ様々なことを考えなければいけないし、想像し、創造しなければいけない困難な歩みが待っている。

「たぶんプロ転向の記者会見でも言っていたかもしれないけど、プロだからこその目標というのは具体的には見えていないんです。そういうのは、僕の人生史上でも初めてのことなので。

今までは4歳のころから、常に五輪で金メダルを獲るという目標があったうえで生活してきたので、今はちょっと宙ぶらりんの感じがしています。ただ、まずはこの〝プロローグ〟

を成功させるために毎日努力してきたこととか、今日は今日で一つ一つのジャンプや演技に集中していったこととか。たぶんそういうことが積み重なっていくことで、また新たな羽生結弦というステージにつながっていったり、また新たな自分の基盤ができていったりするのかなと思うので。今できることを目一杯やっていって、フィギュアスケートの限界を超えていけるようにしたいと思います。それがこれからの、僕の物語としてあったらいいと思います」

セットの時計の針が11時11分から11時12分へ進む。新たな自分の理想を追い求め、物語を創造するための、旅立ちの日だった。

横浜で2日間の2公演を終えた『プロローグ』。約1か月後の12月2日には、中1日の休みを取って5日まで3日間行われる第2公演が、青森県八戸市のフラット八戸で開催された。その千秋楽、羽生が気力に満ちた滑りを見せた。

ライブビューイングは100スクリーンになった。「もう全部気合いが入っていました。最初から最後まで全力でした」という、一人だけの6分間練習から始まるショー。最初の『SEIMEI』は2本の4回転と、単独とコンビネーションジャンプ計3本のトリプルアクセルをキレのあるジャンプで決める。

「やっぱり、自分の中で最後だということももちろんあったし、最後だからこそ余計に、最後まで体力を残しながら全力を尽くし切るということをやっていかなければいけないので。そこのバランスは僕にしかわからないと思うけど、すごく大変なショーではありました。ただ、大きな崩れもなく、最後までジャンプをしっかり決め切れて、演じ切れたことは……これは競技者的な観点かもしれないですけど、やっぱりちゃんとジャンプを決めてノーミスをやれたのは自分にとっても自信になりますし、いい演技を届けられたなという達成感にもなっています」

また、5公演のすべてで『SEIMEI』をノーミスで滑り切れたことを、こう評価した。

「正直、毎日フリーをやるよりも、もっと大変な気持ちでやりました。もちろん4回転の数を考えれば普通のフリーの演技よりも全然少ないですけど、トリプルアクセルの回数や、スピンではビールマンも復活させていることを考えれば、けっこう身体を酷使してやっているので。そういう意味ではもう単純に、体力がついたという感じはしました。

もちろんちょっとでも気を抜いてしまえば、いくらでもボロボロになっていく可能性がある演目たちだったので、ちゃんと気を張ったまま1時間半、もっといえば練習から本番までの間を含めて、ずっと緊張したまま最後までやり切れた、精神的な成長もあったかもしれないなと自分では評価しています」

この日の公演では、自ら言い出してプログラムを一つ追加するシーンもあった。羽生が語りだしたのは11−12シーズンのショートプログラム『悲愴』だった。

「八戸が千秋楽になったのはたまたま会場が空いていたということもあるけど、自分としてはやっぱり『東北でやりたい』という気持ちも強くありました。その東北の地でやるのであれば……この『プロローグ』の、自分の半生みたいなものを描いている中に〝3・11〟（東日本大震災）があるように、きっとこのショーを見に来てくださっている方々の中にも〝3・11〟という傷が残っていると思うので。少しでも何か、自分の演技を見てそれを消化したり、逆にそれを思い出して悼んだり。それが皆さんにとっていいことなのか悪いことなのかはちょっとわからないですけど、何かしらの気持ちが灯るきっかけとしての演技にしたいなと思いました」

東日本大震災直後に作った『悲愴』。そのプログラムと八戸の関係を、羽生はこう語る。

「3月に被災をしてアイスリンク仙台が使えなくなった時、僕は恩師の都築章一郎先生にもお世話になって、横浜市の神奈川スケートリンク（現・横浜銀行アイスアリーナ）で練習をさせてもらいました。そんな時に八戸の方からも、『電気がつかない状態だけど、滑ってもいいよ』という声をかけていただき、滑らせていただきました。節電をしている時期で電気をつけられないけど、天井の換気口を少し開けることができたので。日中にそこから入ってくる明かりだけでプログラム作りをしたり、体力トレーニングをしたりとか、本当に八戸にはお世話になりました。

『悲愴』もそういう中で作っていただけたプログラムたちなので、それをこの地でできたのは自分にとってもすごく感慨深いものがあったし。実際に震災があってすぐに作ったプログラムたちなので、震災とは同い年になります。だからこそ、月日がどれだけ経ったのかということと、改めて自分自身もこのプログラムたちに触れることによって、皆さんにも触れてもらうことによって、少しでも震災を思い出していただいて、『それがあるからこそ今があるんだな』とまた思っていただけるように。そういう演技ができたらいいなと思って滑らせていただきました」

ステップシークエンスから滑った『悲愴』は、そんな思いとともに、曲名から受け取った気持ちをそのままストレートに突きつけるような、鋭さも感じる滑りだった。

演技が終わったあとには、大型スクリーンに東日本大震災のニュース映像なども映し出される構成。その前に羽生はマイクを持ち、少し長めのメッセージを口にした。

「ここから先は、ちょっとつらい映像が流れます。この映像は僕自身、自分にとっても心の傷をえぐりながら、毎日苦しみながら選んだ映像です。

もちろん、自分の中に浮かぶ光景は違います。あの時、リンクの中心で天井を見上げながら、照明が落ちてこない位置を探して、先輩に頭を守ってもらいながら『怖い、怖い』と叫びながら揺られてました。世界が終わってしまう、とも思いました。朝になって避難所に届いた新聞を見て驚愕しました。

僕は幸いにもなくしたものはありません。もしかしたらこの『プロローグ』を見ている方々の中には、なくしたものがある方もいらっしゃると思います。そんな方々に僕の思い出を語るのは正直心許ないですが、それでもこれからも僕は、僕にできることを続けていきたいと思っています。それぞれが3・11という記憶を、傷を持っていると思います。その傷を少しでも見つめ直して、たまには温めてあげてください。

傷は、痛みは、それがあったことの〝証〟だと僕は思います。なくなったものはすべて戻ってくるわけではないですけど、それでも、これからもまた、この痛みたちとともに皆さんも前を向いて進んでいけるように。そんな気持ちを込めて、映像とプログラムたちをご覧ください」

心の中に様々な思いが積み重なっていた八戸公演。最後の演技を終えて「ありがとうございます」と挨拶をする目には涙が浮かんでいた。

「とりあえずプロとして初めてのアイスショーだったので、その中で一番気をつけなければいけないのは怪我をすることだと思っていました。体調をちょっとずつ崩したというのはもちろんあったし、過度の緊張やプレッシャーなどもありましたが、何より大きな怪我もなく、最後までこうやって完走し切れたことは大きな経験になったかなと思います。

正直、僕は2021年の全日本選手権では、観客席を見て『これだけの声援だったり、数多くの視線を浴びながら滑ることはあと何回くらいあるのだろう』と思いながら滑っていました。でも実際にこうやってプロになっても多くの方に見ていただき、また僕の視線が届かない場所でも、ライブビューイングとかテレビなど、そういうところでもたくさんの方々に見ていただけて、スケーター冥利に尽きるというか、スケートをやっていてよかったなと思える瞬間が本当にたくさんありました。

これからも皆さんがもし必要としてくれるのであれば、必要とされるようなスケートを、常に全力を尽くしてやっていきたいと思います。少し心が離れたとしても、自分が滑るところを何かで見た時に、『やっぱり羽生結弦のスケートはいいな』と1秒でもいいから思ってもらえるような演技を、これからもできるように頑張っていきたいと思います」

この『プロローグ』のショーの構成を最初に考えた時、かなり困難なものだというのはわかっていた。「フィギュアスケーターとして、衣装を替えないでずっと滑り続けることは、精神的にも体力的にも不可能だということはすでにわかっていた」と。だから「それを皆さんにどういう風に感じてもらえるのか。そういう困難さがあることも含めて、どういう風に楽しんでもらえるか、見てもらえるのか、ということがものすごく不安でした」とも言う。

だが好評のうちに終わらせることができたことで、その不安は解消された。後日のインタビューで「現役時代からプロアスリートとして進むべき自分の道は見えていたのか」という質問に、「進むべき道はまったく見えていなかったですね。プロになってみて、『プロローグ』を全部終えてやっと、『あぁ、自分は単独でショーをやっていく道があるんだな』って思えました。『それを信じて待ってくださる方、それを楽しみに見に来てくださる方たちがいるんだな』ということを感じることができました。特に八戸公演では『プロローグ』を3日間やってみて、そのショーを大体ノーミスでこなせたことで、『あぁ、自分はこの道にしっかり、こういう形で進んでいけるんだ』とやっと思えました」と答えた。

大きな手ごたえを受け取った『プロローグ』。千秋楽の2日後には28歳の誕生日を迎える羽生は、次の1年へ向けて「アマチュア時代の自分を見た時に『今の方がうまいな』と胸を張って言えるように、これからもどんどん成長していきたい。それと、自分の演技を見たいなと思った時に、アマチュア時代の演技を探すのではなく、今の自分をスッと指せるような演技を、これからも目指して頑張っていきたいと思う」とも話した。

そんな羽生はこの八戸公演終了とともに、次の公演の告知をして、見ている者を驚かした。会場の大きなモニターに映し出されたのは、2023年2月26日に、東京ドームで開催される『ICE STORY 2023 "GIFT"』の告知だった。

客席のキャパシティが、通常のフィギュアスケートの試合が行われる会場と比べても桁違いに大きい東京ドームで初めて開催される、過去に例のないアイスショー。「スケーターとして初めての東京ドーム公演ですごく緊張していますが、一人でやるつもりです」と言う羽生は、「実は、『プロローグ』より先に、東京ドームの話がスタートしていました」と明かした。

「それが実際に会場を取るとなると話がかなり難航して、どうなるかわからない状況の中、『プロローグ』をとりあえずやろうと進めました。だから『プロローグ』の構成を考えながら、『GIFT』も考えるみたいな状態で。

東京ドームでやらないか、という話をいただけたからというのが一番のきっかけですが、正直、僕はそこまで実力があるとは思っていないし、そこまでうぬぼれてもいないし自信があったわけではないです。ただその話をいただいて、いろんな方の力を借りながら自分でも構成をいろいろと考えていく中で、『東京ドームでしかできないスケートってなんだろう』ということを考えました。そしてそれを東京ドームで見せたいなという気持ちにもなっていきました。

その『GIFT』に込めた思いは、今までアマチュア時代をやってきた中で、いろんな支え方を皆さんにしていただけたなと思っていて。そういう方々への恩返しではないけど、何か自分の物語は最初、恩返しから始まるのかなと思って……。だから贈り物としての『GIFT』というタイトルをつけました。物語自体が皆さんへの贈り物になってほしい、その物語の中に含まれている自分のプログラムがまた、皆さんへのギフトになればなと思います」

今考えているコンセプトは、普通のアイスショーとは違って物語が主体として存在し、その中に自分のプログラムたちがいろんな意味を持って入り込む構成だと言う。

「何か絵本のような……物語を鑑賞しに来ているような感覚で見ていただけるスケートになると思います。もちろん演出もこれまでよりもっと凝ったものになるし、いろんなテクノロジーも多用して。新しい感覚の演出で物語を楽しんでいただけるような、ショーというよりもスケート物語にしていきたいと思います。

既存のアイスショーからますます進化させていきたいと思いますし、また違ったスケートの見方みたいなものを、東京ドームでやっていきたいと思っています」

プロアスリートとして新たな出発をすると宣言してから5か月。スケーター・羽生結弦の心の中の勢いは、何かから解き放たれたように、一気に加速し始めた。

Scene
11

一期一会の演技

「GIFT」

2023年2月26日、フィギュアスケートのアイスショーが初めて開催される東京ドーム。一夜限りの出会いの場でもある『Yuzuru Hanyu ICE STORY 2023 "GIFT" at Tokyo Dome』は、3万5000人の観客と、国内外のライブビューイングに集まった3万人の人たちが見守る中で行われた。

バックネット側からバックスクリーン側に向かい、横30m縦60mの競技会とほぼ同じサイズのリンクが設営され、奥には大きなスクリーンを設置。その両側の上部には大きな手のオブジェがあり、両サイドには東京フィルハーモニー交響楽団と、GIFTスペシャルバンドが演奏するステージも作られた会場。

羽生自身の言葉で開演のメッセージが伝えられると、大型スクリーンには炎が出現し、それが地球の映像に変わる。そして2004年からの歴戦をたどる映像のあと、羽生自身のナレーションが語られ始めた。

気がついたら、世界があった。
息をしていた。
自分はなんだろう。
でも名前はあった。
好きなものもあった。
大好きなものもあった。
僕は、その大好きなものになりたかった。

―『GIFT』原作より―

スクリーンに映し出された巨大な火の鳥の中から登場する演出。氷上に降り立った羽生はゴージャスな羽をまとった衣装で、全日本ノービスAを初制覇した07－08シーズンのフリープログラム『火の鳥』を披露した。

なくしたくないものを、ずっと大切にして、
ぎゅって掴んで、絶対に離さないんだ。

だって、叶えたい夢があるから！

それが、かっこいいから！

それが、僕なんだ！


雲の中から現れた月の映像とともに羽生が登場し、『Hope & Legacy』を滑る。その映像は森の中になり、水の中へ、そして星の中へと、プログラムへ込めた羽生の思いを表現する。周囲の暖かな光景が一気に崩れ去り、太陽も月もなくなった喪失感。リンクの周囲に白い布を被ったダンサーたちが、柔らかな光の中で緩やかに踊り始めると、白い衣装をまとった羽生が登場する。「千と千尋の神隠し」の楽曲『あの夏へ』を夢想の中に溶け込んでいくように踊る。


満天の星空が、照らしてくれた。

大切なものは、空っぽじゃなくなった。

光たちは言ってくれた。

「君には、君にしかできないことがあるよ。」

「それを、見たいんだ。」（中略）

風が強く吹いている、
その風は微笑んでいるように思えた。
だから、怖くない。
風の強い方を選んで、進んでいく。
そんな僕に、風が言った。

「そのまま進んでおいで。」
「君の夢は、叶うよ。」

いつの間にか霧は風が飛ばしてくれた。

光の粒が集まって、『バラード第1番』の衣装を着た羽生の姿が現れ、滑り出す映像。曲の途中から氷上に登場した羽生は、4回転トウループ＋3回転トウループからトリプルアクセル、さらにシットスピン、ステップシークエンス、コンビネーションスピンと華麗な演技を続けた。

でも…もう少し、飛べるよ。
もう少し、頑張りたいんだ。（中略）

願いが叶うなら、もう少し、みんなと飛びたい。

自問自答を繰り返すモノローグを経て、スクリーンには北京五輪フリーが行われた「2022.02.10」の表示が。日付は、そこから時を進めて「2023.02.26」に。するとリンク上の照明がすべて灯され、ジャージ姿の羽生が登場した。アナウンスが流れ、6分間練習が始まる。

3回転ループを跳び、シングルアクセルのあとには4回転トウループ＋1オイラー＋3回転サルコウ。そこでジャージを脱ぐと、下に着ていたのは『序奏とロンド・カプリチオーソ』の衣装だった。水分を補給してから4回転トウループ＋3回転トウループを跳ぶと、イーグルから入る4回転サルコウをきれいに決める。そして残り1分を切ってからは、氷上で回転して軸を確認すると、4回転サルコウを跳ぶあたりを確認する。

英語のアナウンスで名前をコールされてからの本番。北京では氷の穴にはまった最初の4回転サルコウをしっかり決めると、観客席には大歓声が沸き上がる。続く4回転トウループ＋3回転トウループをセカンドで両手を上げて決めるとフライングキャメルスピンに入り、トリプルアクセルを跳んで即座にシットスピンへ。気持ちを込めたステップシークエンスを音にピタリと合わせて滑り切ると、最後はコンビネーションスピンで締めるノーミスの滑り。演技後も右手拳をずっと握りしめていた羽生は、万雷の拍手が鳴りやまぬ客席に対して嬉しそうな笑顔で応える。そして荒い息を鎮めると、丁寧に挨拶をして下がり、前半が終わった。

6分間練習込みの『序章とロンド・カプリチオーソ』を、この場で滑った理由をこう説明する。

「『ロンカプ』は、北京五輪でやり切れなかったという思いが強くあったプログラムです。あのプログラムには、夢をつかみ切るという物語が自分の中にはあります。この『GIFT』というストーリーの中にも、〝夢〟という存在がものすごく大きくあって。そういう意味でもまず、前半の一幕の中で夢をつかみ切ったという演出をしたかったというのが、『序奏とロンド・カプリチオーソ』を選んだ理由です。

北京五輪を連想させるような演出をしたうえで『ロンカプ』をやったのは、夢をつかみ切れなかったからであって……。あの時つかみ切れなかったものを今回はつかみ取るんだとか、逆にまだまだつかみ切れていない夢も……もちろん4回転アクセルもありますけど、『それに向けてこれからも突き進むんだ』みたいなイメージを込めて滑らせていただきました」

後半は、リンクサイドに登場した生バンドによる『Let's Go Crazy』の演奏で始まった。羽生は『Let Me Entertain You』、続いて自身で振付けた新作『阿修羅ちゃん』をキレキレの動きで踊る。リンクサイドに並んだ透明なボードに映るコンピュータグラフィックスの映像や、再び登場したダンサーたちとともに、広い空間を濃密な空気に変える。

そして映像は2人の羽生の対話に――。

もう頑張ったでしょ。
頑張ったよね。
休みたい。
もう疲れた。　（中略）

『強いよ。どんなことだって乗り越えられるよ。』

『全然怖くなんかない。』

怖いよ。何もできやしない。
できない僕は、独りだ。（中略）
『でも、届けたいんでしょ？』
『動けないけど、動きたいんでしょ？』（中略）

だれ…？

『『僕』は、あったかい世界の、君』

2人が向き合い、互いの手を合わせようとすると、曲は『オペラ座の怪人』へ。

君になりたいんだ
こんな何もできない僕でも、君となら…

今回の『GIFT』の内に秘められているコンセプトを、羽生はこう説明した。

「〝ペルソナ〟という、ユングの心理学の言葉（人間の外的側面）があります。皆さんがそれぞれ社会にいる時に使っている自分の顔だとか、仮面だとか……僕にとっても、こうやってしゃべっている時だって、きっと自分が見せたい羽生結弦を出しているんだと思います。でもきっと、話しながらも心の中でくすぶっている羽生結弦もいるんだなと思っています。それはたぶん、僕だけではなくて皆さんも思っていることで。だから少しでも、皆さんが持っている本質的な皆さんと、ペルソナの皆さんを少しでも認めていけるような。認めてあげられるような時間になったらいいなと思います」

スクリーンに仮面をつけた羽生の映像が映し出され、左右に設置された大きな手とつながって巨大なファントムの姿が現れた。氷上に出てきた羽生は後半のパートを滑り、当時は前半に入れていた4回転トウループを真っ先に跳ぶと、トリプルアクセル＋2回転トウループに続いてトリプルアクセルからの3連続ジャンプ、3回転ループ、3回転ルッツとつなげて2本のスピンで締めた。

『いつか終わる夢』を滑る羽生の跡をトレースするように、氷上に様々なイメージがプロジェクションマッピングで描かれていく。

星たちの光が、一段と輝きながら、一つになった。

僕は知っている
ちゃんと受け取ろう

「独りじゃない」

『ただいま』

「おかえりなさい」

僕の『夢』
みんなからの、『GIFT』

僕の行く道に、なにがあるかなんてわからない。
僕らの目指す先に、なにが待っているかわからない。

でも続けていこう
走っていこう

『GIFT』を届けに行く旅を

優しく包み込むような演技で『Notte Stellata』を舞う羽生。白い羽の映像が舞い散り、会場全体に雪が降りそそぐような幻想的な空間に変えていく。

氷上に"Fin"の文字が映し出され、エンドロールが流れ終わると、羽生は氷上に登場して挨拶をし、「アンコールとしてもうちょっとだけ演技をさせていただきます」と話し、演奏をしてくれた東京フィルハーモニー交響楽団や、GIFTスペシャルバンド、ダンサーのELEVENPLAYを紹介し、感謝の言葉を述べた。

武部聡志・音楽監督がこの日のために作ってきた『GIFT』を演奏し、その曲が『春よ、来い』に変わると、羽生が登場。場内が桜色に彩られた中でしっとりとした滑りを見せる。さらに最後には『SEIMEI』の終盤を滑り、2時間50分にわたる新たな記念碑ともいえるショーを終えた。

前日のリハーサルで腰を痛め、リハーサルを中断。当日は痛み止めの注射を打ちながらのぶっつけ本番となった。氷上で「正直ここまで来るのに、めちゃくちゃつらかったです。めちゃくちゃ頑張って練習をしてきました。練習したことが報われないなって思うこともいっぱいありました。皆さんの期待に応えられるか本当にわかんなくて、つらい時もありました。誰の心に残らないことも、目に焼き付くことのない日々も……でもやっぱ、スケートが好きでよかったです」と挨拶をした。

「本当に大変なことだらけでしたけど、まずはドーム公演というよりも、一人でこの長さのスケートのエンターテインメントというものを作るということが、非常に大変なことで。今シーズン初めて単独で滑るショーをやってみて、『これは2時間半持つのかな?』と正直思いました。でもこのドームだからこそできる演出と、MIKIKO先生やライゾマティクスさん、東京フィルハーモニーさんなど、本当に名だたるメンバーが集まったからこそできた、総合エンターテインメントが作れたかなと、今は実感しています。

正直課題ももちろん出ているし、『もっとこうすればよかった』というのももちろんあります。ただ、この『GIFT』という公演に関しては1回きりで本当にフィギュアスケートならではの、一期一会な演技が一つずつできたということに関しては自分自身すごく誇りを持っていますし、少しでも皆さんの中に、一つのピースでもいいので記憶に残ってくださったら嬉しいと思います」

この東京ドームに初めて入った時に思ったのは、「自分ってなんてちっぽけな人間なんだろう」ということだったと言って笑みを浮かべる。

「ただ、この会場に来てくれた3万5000人の方々、それにこの空間全体を使って演出してくださった皆さんの力を借りたからこそ、僕がちっぽけな人間だったとしても、何かいろんな力が皆さんに届いたのではないかという気がしているんです。だからそれはある意味、震災の時に一人だったらきっと何もできなかったな、という記憶にちょっと似ていて。皆さんの力が、羽生結弦という存在に対していっぱい集まったからこそ、絆があったからこそ、力が伝えられた公演だったのではないかなと思います」

そんな中で羽生は自分のこれまでの競技生活を振り返り、〝独り〟というものをキーワードにして物語を紡いだ。

「もちろん自分自身が今までの人生の経験の中で、〝独り〟ということを幾度も経験してきたし、実際にそう感じることはいまだにあります。それは僕の人生の中で常につきまとうものかもしれないですし。ただ、それは僕だけじゃなくて、大なり小なり、皆さんの中にも存在しているもので。もちろん僕の半生を描いた僕の物語でもありつつ、『でも、皆さんにとっても、きっとこういう経験はあるんじゃないかな』と思って綴った物語です。少しでも皆さんの〝独り〟という心に、贈り物をというか、独りになった時の帰れる場所を提供できたらいいなと思って、この『GIFT』を作りました」

夢をつかみ取るという物語が自分の中にあったという『序奏とロンド・カプリチオーソ』は、このショーの中では根幹にもなるプログラムだった。だが羽生は他に滑った11プログラムにも、『GIFT』というストーリーの中で改めて意味を与え、ショー全体のコンセプトに厚みを持たせた。

「それぞれのプログラムたちって、それぞれに違う意味を持っています。本来は『GIFT』

という物語とはまったく関係ないプログラムたちなんです。ただ、今回の『GIFT』という物語の中に入ることによって、もしくは演出とともにこのプログラムがあることによって、また新しい意味をつけられるのではないかということを考えて滑りました。

フィギュアスケートには、もちろん歌詞があるプログラムもありますが、言葉のない身体表現だからこそ受け手の方々がいろんなことを感じることができるというのが、フィギュアスケートの醍醐味かなと思っていて。だからこそ物語を作って、その物語の中の一つのピースとしてプログラムが見られた時、どんなことを皆さんが受け取ってくれるかなということを考えながら、プログラムを構成してきました」

自分が過去に滑ったプログラムたちを、過去だけに止めておくのではなく、今のものにしたい。そんな自分のプログラムへの愛情も、これからの羽生結弦を作り上げていく原動力にしたいと考える。

プロアスリート宣言からの半年間を疾走し、これまでになかったフィギュアスケートの可能性を切り拓いた羽生。東京ドーム公演の成功は、「羽生結弦」という世界が無限に広がっていく期待感を大きく膨らませるものになった。

Scene

12

希望の光

「notte stellata」

東日本大震災が起きた3月11日に、地元・宮城県で座長公演として開催するアイスショー『羽生結弦 notte stellata』。それは羽生にとって、大きな意味があるものだった。

公演初日の10日、ショーへの思いをこう語った。

「3月11日という日は、あれから毎年、気持ちを込めながら……。祈りの気持ちを込めながら、感謝の気持ちも込めながら、悲しい気持ちも込めながら、人知れず滑ってきました。ただ、こうやって皆さんの前で、この感情とともに3月11日に演技をするということ、そしてこの企画の中で演技をするということが初めてなので、正直すごく緊張はします。ですが、この『notte stellata』というショーだからこそ伝えられる気持ちだったり、またこのショーだからこそ見えるプログラムの新しい一面だったり、気持ちだったりテーマだったり……そういうものもまた、感じていただければと思っています」

2011年3月11日。深い絶望の中、避難所で見上げた空は、満天の星に覆われていた。それがあまりにもきれいだった。

ショーは羽生が演じる『Notte Stellata』から始まった。

左足の怪我を抱えて戦った2016年世界選手権。数々の名選手を指導し、名プログラムの振付けもしていたタチアナ・タラソワ氏から試合後に声をかけられ、「ぜひ滑ってほしい」とプレゼントされた曲が、イタリア人歌手ユニットのイル・ヴォーロが歌う『Notte Stellata（The Swan）』だ。それを『星降る夜』というタイトルにして完成させたエキシビションプログラムは羽生にとって、東日本大震災のシーズンに復興への思いを込めて滑り、2014年ソチ五輪初優勝後のエキシビションでも滑った『ホワイト・レジェンド』の思いを引き継ぐプログラムだった。

黒い衣装で過去を拾い集めて、拾い集めて、飛び立とうとする『ホワイト・レジェンド』。一方で、白い衣装をまとった『Notte Stellata』は、それをすべて優しく包んで前に進んでいこうとするプログラムだ。

その演技は静謐《せいひつ》に始まった。自分の思いや感情を心の奥深くにため込んでいるような滑り。ディレイドアクセルも、そのあとの大きさのあるトリプルアクセルも、スピンも、すべて曲の中に溶け込ませて、動きを流れる曲に委ね切るようなスケート。曲が終わり、静かに氷上から姿を消す瞬間までのすべてが、羽生結弦の演技。渾身の表現が、氷上を美しい余韻で満たした。

続いて、カール・ヒューゴがこのショーのために作曲・演奏した『Twinkling Stars of Hope（輝く希望の星）』が奏でられるオープニングでは、この日出演するスケーターたちが登場。本郷理華と鈴木明子、田中刑事、無良崇人、ヴィオレッタ・アファナシエワが生き生きと滑り、続いてシェイ=リーン・ボーン・トゥロックと、世界選手権出場を控えているジェイソン・ブラウンが。そして宮原知子に続いて羽生が再び登場する。

オープニングのあと、氷上に残った羽生が挨拶した。

「ノッテ・ステラータ、星降る夜という意味です。あの3月11日、僕は満天の星を見て希望を感じました。このショーが、僕たちスケーターが一人一人思いを込めて、一つ一つのプログラムが満天の星のように、輝く星となるように思いを込めて滑らせていただきます。皆さんにとって今日という日が、『Notte Stellata』という演目が、皆さんの希望となるように、心を込めて滑らせていただきました」

最初に『Notte Stellata』を演じ、オリジナルの曲で滑るオープニングへつなげる構成。その思いをこう説明する。

「やはり今回は、『希望』というテーマが一つ大きなものとしてあって。会場では見えづらい席もあったかもしれないですけど、スクリーンには3・11のころの星空を映し出していただいていました。あのプログラムの最後の部分は、普通だったらスクリーンとは逆の方向に滑って行くのですが、今回はその星空の映像の方に向かっていき、『その星空から得てきた希望とともに、今まで滑ってきたんだ』というようなことを感じながら滑らせていただきました。

(『Notte Stellata』を振付けした)デイヴィッド・ウィルソンさんと話をしながら作っていったオープニングはオリジナル曲なんですけど、何か、『流れ星のように今回のキャストのスケーターさんたちを見せていきたい』という話をしていて。僕が演じるのは〝星降る夜〟で、その星たちが降ってくるような感じでオープニングを作っています。だから『Notte Stellata』というプログラムと、そのあとに続くオープニングがまた、一つのプログラムとして見えるような考えで、僕自身も演技をさせていただきました」

出演したスケーターたちもそんな羽生の気持ちを受け入れた滑りを見せた。前半の白眉は氷上の羽生と、体操の内村航平が「ゆか」で競演する、冬と夏の五輪王者による『Conquest of Paradise』だった。

「プログラムの冒頭の部分はデイヴィッドさんに振付けをしていただいて、内村さんが登場してからの部分は全部自分で振付けをしました。また内村さんと振付けの構成などの相談はほとんどなく、お互いに自分たちにできることをぶつけ合おうという感覚で進めてきました。実際にこの場所で会って初めてリハーサルをする時も、お互いに謙遜し合いながら、また距離感を測りながらというところもあったんですけど。何か、お互いが（自分の演技に）集中してぶつかり合って、でも共演もしていて……その本気のエネルギーが混ざり合うみたいなところをこのプログラムで出したいなという意識があって。『お互いに集中しましょう。自分たちのことに集中して、それがきっといい掛け算になります』と言い合いながら、プログラムを作っていきました」

力強さのある直線的な動きで滑り出した羽生は、素早いターンからそのまま3回転フリップを跳んだ。そして内村がゆかのマットに登場し、大きな伸身宙返りを連続させる演技。「羽生くんが『僕が合わせますから大丈夫です』と言ってくれたので『じゃあお願いします』

ということだったけど、やっていると彼が滑っているのが横目で見えるから僕も合わせようと思って。やりながら、お互いに合わせようとしているのがすごく伝わってくるのが面白かった」と内村は言う。

途中では羽生のトリプルアクセルと内村の側転のタイミングも合い、終盤にはあん馬の練習用の円馬を使った内村の開脚旋回と、羽生のコンビネーションスピンのコラボレーションに観客席は大きく沸いた。羽生は終盤には4回転トウループも跳ぶ、全力の演技を見せた。

内村は「本番前に数m離れた距離感でも、五輪や世界選手権の時に映像で見たような、試合前に集中している感じが生で伝わってきたので、『本当に全力なんだ』と思った」と言う。

そして、羽生は内村の感想をこう語る。

「同じオーラを持っている人だなというのはすごく思いました。僕もやっぱり、僕のことに集中してやらないと、自分の演技が流されてしまうと思うくらいのオーラがありました。僕自身も最近は、単独のアイスショーもやらせていただいているからこそ、自分のスケートにクオリティを求めなくてはいけないという気持ちもあって。僕はそこまでいろんなスケーターや共演者たちの演技を見ているわけではないですけど、今回はコラボの練習をする時や、実際に演技をしている時には、自分も見てみたいなと思ってしまうくらいのオーラがありました。そういう意味では内村さんも本当にプロなんだなと思いました」

今回、内村とのコラボレーションが実現したのは、このショーを企画する時に「普通のアイスショーではないことをしたい。これまで羽生結弦のショーを見ている人だけでなく、初めての人でも楽しんでもらえるようなものを作りたい」という話が持ち上がったからだった。実際にそれをやってみて、観客の大歓声を聞いて、「これはこれで新しい形として、すごく膨大なエネルギーが生まれているなと思った」と言う。

「何か、試合感みたいなものもまたありましたね、僕自身がプログラムの中で4回転を跳ぶというのもそうですし、内村さんも本気の技を繰り出してくださったので、何か集中して自分の世界に入っているのは楽しかったんです。実際に体操のゆかとスケートリンクという、場所は違うのですがエネルギーが増幅して、でも支え合って、ぶつかって、みたいな……。そんな力の掛け合わせみたいなものが見えたのかなと思います」

第2部のスタートは「コロナで暗い世の中を明るく照らしてくれた曲」と紹介された『Dynamite』のグループナンバーで盛り上がり、スクリーンに映し出された羽生の踊る姿が氷上にも大きく映し出される演出で会場はヒートアップした。ショーのテーマとする〝希望〟を実感させるような明るさを持った雰囲気の中で、各スケーターがそれぞれの演技を披露。そして内村の単独のゆかの演技に続き、羽生はスクリーンや氷上に花が咲き乱れる中で『春よ、来い』を心を込めて滑った。

「最後のプログラムに『春よ、来い』を選んだ理由もやっぱり、希望というのが大きな趣旨だったからです。いろんな場面でこのプログラムを滑らせていただいていますが、今回自分が描いているのは、直接的に震災のことを考えたり、震災に遭われた方々の希望というのは何だろうとか……そういったものをいろいろイメージしながら、そして僕自身がそれになれるのだろうかというのも、また考えながら滑らせていただきました」


グランドフィナーレが終わったあと、羽生はマイクを取って最後に挨拶した。

「こうやって皆さんと時間を過ごしている中で、もうすぐあれから12年という時が経とうとしています。震災だけではなく、これからの人生の中でつらいこと、幸せなこと、そして苦しいこと、悲しいこと、寂しくなること、きっといろんなことがあると思います。ただ今日という日は、この『notte stellata』という僕たちの星みたいに輝いてくれたと思うプログラムたちが、皆さんにとって、少しでも希望となりますように心から願っています。

これから少しずつでいいので、震災のことを、被災してつらかったと思う気持ちを認めてみてやってください。なんの行動ができなくてもいいので、それでも僕たちみんな、被災地の方は喜んでくれると思います」

初日にこう話した羽生は、被災から12年目になる翌11日、地震が起きた午後2時46分に開演前のリンクに上がって、他の出演者たちとともに黙祷をした。そして終演後には、その日の演技で何度も氷に触れる姿を見せた理由を、最後に持ったマイクでこう説明した。

「希望をたくさん届けたつもりですけど、祈りもたくさん届けたつもりですけど、なぜここの氷にたくさん手をついていたか、そして上に気持ちを上げていたか、宮城県民として少しだけ説明させてください。

ここは宮城県民、仙台市民、すべての人にとって本当に特別な場所です。ここは、ここは……遺体安置所だったんです……。だから、こうやってたくさんの今ある命がこの場所に集まって、その中で僕が3月11日という日にこの演技をして、ここに氷を張っていいのだろうかという戸惑いは、すごく、すごくありました。

今日この『notte stellata』をやって、震災に関わらなかった人も、震災で苦しんだ方々も、震災のニュースを見て苦しんだ方々も、ちょっとでも希望だったり優しさだったり、そんな時間ができたのではないかなと思っています。

そういうことを思えば、僕が生きて、今日という日を皆さんの前で、この会場で迎えることができたのは、少しでも意味のあることだったのかなと、自分を肯定できます。そんな時間を作ってくださり、本当にありがとうございました。

これから先、人生って本当に何があるかわからないし、今、世界情勢的に平和ではないかもしれません。火種はたくさんあります。ただその中で、少しでも平和で優しさにあふれた日々が訪れるように。

この3月11日の『notte stellata』という星たちはいつも、皆さんの平和と優しさと幸せを願っています。本当にありがとうございました」

東日本大震災のあと、津波などの被災で亡くなった多くの人たちの遺体が安置されたこのセキスイハイムスーパーアリーナでは、幾多の悲しい再会があった。命の儚さ、尊さを目の当たりにしたこの建物の中で、3月11日にアイスショーをやるという決断。自身の心の中にあの震災が大きな傷となって残っている羽生にとっては、他の人たちには計り知れないほどの逡巡もあった。

だがその場所でこの日に、未来への希望と平和を願う気持ちを顕わすアイスショーを開催することは、これからプロアスリートとして〝心〟を伝えていく自分にとって、被災者に寄り添い、ともに前へ進むという意思を示す、決意表明の場でもあった。

12日の千秋楽、終演後に羽生はマイクを持って自分の思いを語った。

「羽生結弦という存在として今まで生きてきて、僕はスケートをやることによって世界を救えるとは思わないですし、スケートで何か世界が変わるなんて、そんな大それたことはないと思います。ただ、僕がこうやってこの12年間を生きて、一番つらかったであろうこの場所にリンクを張って、こうやって皆さんに希望を届けることができて、幸せであると同時にこれからも、こんなちっちゃな身体ですけど、いろんなことを背負って毎日毎日、スケートのためだけに日々を過ごしたいと思っています」

12年前の震災直後、自分だけ仙台を離れて練習を続けることに後ろめたさがあった。演技を通じて自分が被災地を応援する立場だと思って頑張っていたけれど、逆に自分が支えられていたことに気づいた。

みんなが自分にかけてくれる期待や希望が、窮地にあっていつも力を引き出してくれた。怪我をして臨んだ平昌五輪で2連覇を果たせた時もそうだ。

だから4回転アクセルも自分だけのジャンプじゃない。自分の夢でもあるけれど、みんなが僕にかけてくれる夢だから、一緒に叶えたい――。


夢が終わり、夢が続きます。

『羽生結弦』が続きます。

これまでも、これからも、ずっと。

全力で、蒼い炎のように。


不世出のフィギュアスケーターの歩みは、いつしか被災地の希望の光となった。

「羽生結弦」という大きすぎる存在を背負って生きていく覚悟を、震災から12年を経た仙台の地で、改めて誓った。

羽生結弦はプロアスリートとして、第2のスケート人生をまっとうする道を歩んでいく。

「羽生結弦 notte stellata」（以下同）
『notte stellata』

Keiko Asakura

『notte stellata』

Keiko Asakura

『Conquest of Paradise』

Keiko Asakura

『春よ、来い』

Keiko Asakura

『春よ、来い』

Keiko Asakura

雪肌精

「プロローグ」八戸公演
『春よ、来い』

Keiko Asakura

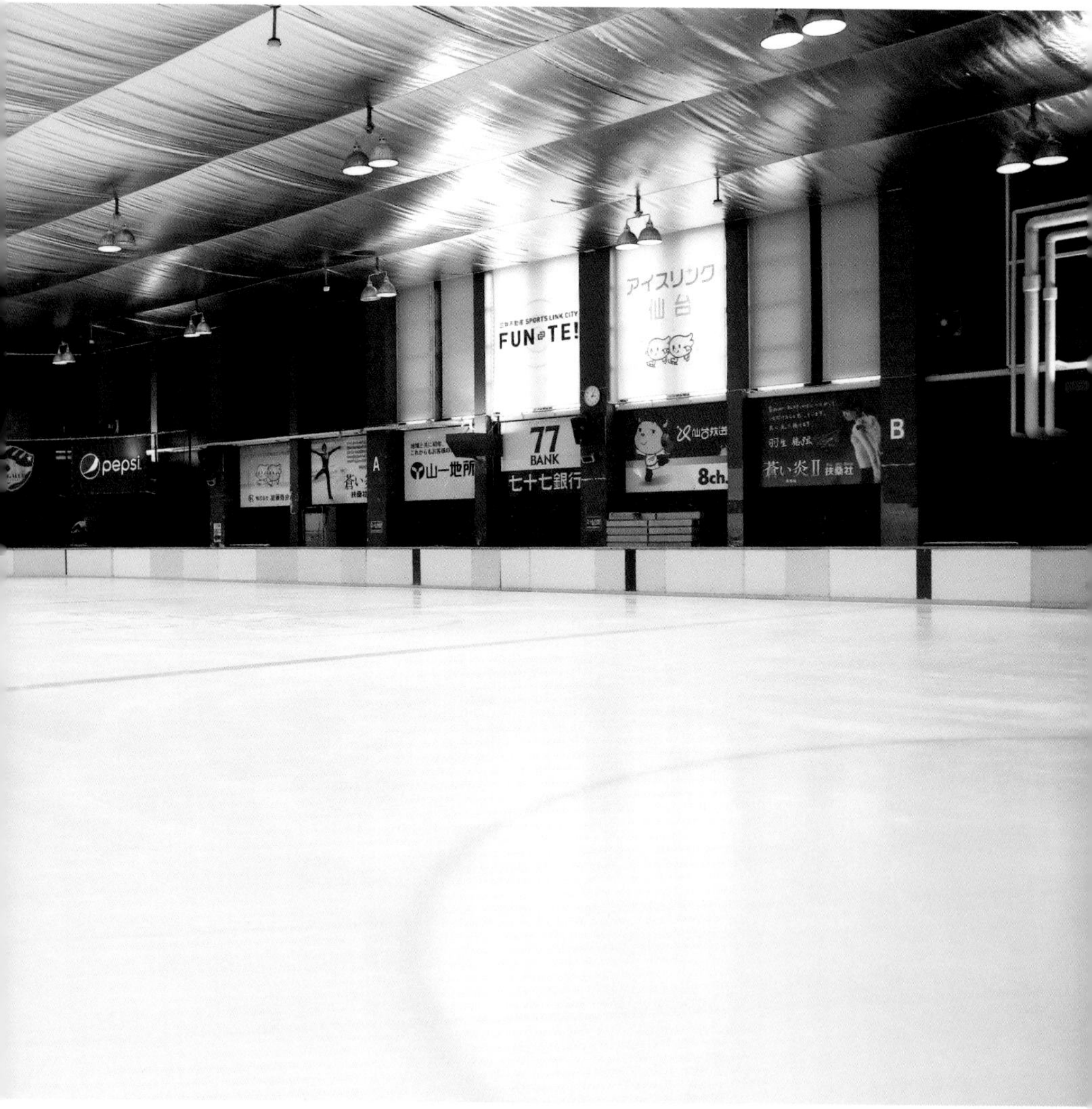

アイスリンク仙台

Keiko Asakura

羽生結弦（はにゅう・ゆづる）

1994年12月7日、仙台市生まれ。4歳からスケートを始め、2004年全日本ノービス選手権（Bクラス）優勝。2007年全日本ノービス選手権（Aクラス）優勝。2008年全日本ジュニア選手権優勝。09-10シーズンは2009年全日本ジュニア選手権、2009年ジュニアGPファイナル、2010年世界ジュニア選手権すべてで優勝を果たす。

10-11シーズンからシニアに移行し、2011年四大陸選手権で銀メダルを獲得。3月11日、仙台で練習中に東日本大震災に遭う。2012年世界選手権において日本男子史上最年少で銅メダルを獲得。

12-13シーズンよりカナダ・トロントに練習拠点を移し、2012年全日本選手権で初優勝。2013年GPファイナルで初優勝し、2014年ソチオリンピックで日本男子初の金メダルを獲得。2014年世界選手権で初優勝。全日本選手権を4連覇（12～15年）。

2016年オータムクラシックで史上初の4回転ループに成功。GPファイナルを4連覇（13～16年）。2017年世界選手権で2度目の金メダルを獲得。2018年平昌オリンピックで優勝し、男子シングル66年ぶりの五輪2連覇を果たした。その後は度重なる怪我とも戦いながら2020年四大陸選手権で初優勝し、男子史上初となる主要国際大会6冠のスーパースラムを達成した。

2020年、2021年全日本選手権を2連覇（優勝6回）。2022年北京オリンピックではフリーで4回転アクセルに挑み、回転不足ながら史上初めて4Aと認定された。

2022年7月、プロアスリートに転向。スケーター史上初の単独公演『プロローグ』を横浜と八戸で開催したのち、2023年2月には東京ドームで史上初のフィギュアスケート単独公演『GIFT』を成功させた。

構成……………………折山淑美
撮影……………………浅倉恵子
写真……………………JMPA／榎本麻美　毛受亮介　渡部薫（北京五輪）
田口有史（Fantasy on Ice 2022）
高橋学（世界国別対抗戦2021）
アフロ／長田洋平　西村尚己　森田直樹（全日本選手権2020）

デザイン・DTP……河合秀和
校閲……………………大島祐紀子
編集……………………大久保かおり
協力……………………team Sirius

本書は下記に掲載された初出原稿を元に追加取材し加筆・再構成したものです。
「web Sportiva」「Sportiva フィギュアスケート特集号」集英社
アイスクリスタル会報誌「Crystalline」
「Dreams on Ice 2021」「Fantasy on Ice 2022」プログラム

蒼い炎Ⅳ －無限編－

発行日……………………2023年4月28日　初版第1刷発行

著者……………………羽生結弦
発行者…………………小池英彦
発行所…………………株式会社　扶桑社
〒105-8070
東京都港区芝浦1-1-1 浜松町ビルディング
電話　03-6368-8870（編集）
03-6368-8891（郵便室）
www.fusosha.co.jp

印刷・製本……………凸版印刷株式会社

定価はカバーに表示してあります。

造本には十分注意しておりますが、落丁・乱丁（本のページの抜け落ちや順序の間違い）の場合は、小社郵便室宛にお送りください。送料は小社負担でお取り替えいたします（古書店で購入したものについては、お取り替えできません）。

なお、本書のコピー、スキャン、デジタル化等の無断複製は著作権法上の例外を除き禁じられています。本書を代行業者等の第三者に依頼してスキャンやデジタル化することは、たとえ個人や家庭内での利用でも著作権法違反です。

© Yuzuru Hanyu, Fusosha Publishing,inc.2023
Printed in Japan